传动系统的
现代设计与智能制造

Modern Design and Intelligent Manufacturing
of Transmission System

刘晓刚 徐劲力 黄丰云 编著

清华大学出版社

北京

内 容 简 介

本书将传动系统领域的科研成果应用于课堂教学,在介绍本科研团队研究成果的同时,可以加强学生对汽车传动系统的认识,提高其对专业知识的应用能力,教学实践结果表明效果良好。本书共 7 章,以汽车传动系统为主线,内容涵盖传动系统结构概述、传动轴的振动分析、驱动桥的振动分析及优化设计、传动系统的振动分析及参数优化设计、基于 Python 的传动系统智能设计、传动系统智能制造、总结与展望等。

本书可作为本科研团队的科研专著,亦可作为高年级本科生或研究生的授课教材及自学用书。

图书在版编目(CIP)数据

传动系统的现代设计与智能制造/刘晓刚,徐劲力,黄丰云编著.—北京:清华大学出版社,2022.6
ISBN 978-7-302-60881-3

Ⅰ.①传…　Ⅱ.①刘…　②徐…　③黄…　Ⅲ.①汽车-传动系-构造设计 ②汽车-传动系-智能制造系统　Ⅳ.①U472.41

中国版本图书馆 CIP 数据核字(2022)第 089219 号

责任编辑:赵从棉　苗庆波
封面设计:傅瑞学
责任校对:欧　洋
责任印制:丛怀宇

出版发行:清华大学出版社
　　　网　　址:http://www.tup.com.cn,http://www.wqbook.com
　　　地　　址:北京清华大学学研大厦 A 座　　　邮　　编:100084
　　　社 总 机:010-83470000　　　　　　　　　邮　　购:010-62786544
　　　投稿与读者服务:010-62776969,c-service@tup.tsinghua.edu.cn
　　　质量反馈:010-62772015,zhiliang@tup.tsinghua.edu.cn
印 装 者:三河市天利华印刷装订有限公司
经　　销:全国新华书店
开　　本:185mm×260mm　　印　张:10.25　　　　　字　　数:246 千字
版　　次:2022 年 6 月第 1 版　　　　　　　　　　　印　　次:2022 年 6 月第 1 次印刷
定　　价:58.00 元

产品编号:096734-01

PREFACE

　　19 世纪初,清朝 GDP 占全球总量三分之一,但由于清政府故步自封,科学技术停滞不前,在第一次鸦片战争中失利于发起第一次工业革命的英国;19 世纪末,又在甲午战争中不敌开展了第二次工业革命的日本,在一定程度上加速了清王朝的更迭;而新中国的改革开放赶上了第三次工业革命,我们把握住这个历史机遇在几十年间发展成世界第二大经济体;如今以智能制造为主导的第四次工业革命方兴未艾,与智能制造密切相关的现代设计同样亟须推进。然而,现代设计技术的发展需要万千科技工作者的不懈努力,更需要通过对教学内容的革新来培养站在科技前沿的生力军。

　　多年以来,笔者一直从事现代设计技术方面的研究和教学工作,发现这方面的参考书多是在不同章节介绍不同的设计方法,这样容易造成各章节之间的割裂。读起来颇像收录不同作品的短篇小说集,每一章都要重新熟悉不同的主人公,使得读者很难保持阅读兴趣。为此,笔者结合本科研团队在汽车传动系统方面的研究成果,将不同的现代设计方法应用于传动系统的设计过程,在此基础上还涵盖了传动系统的智能制造,因为设计和制造是相互促进、相互制约的整体。希望这样能增强读者对内容的理解以及学习的兴趣,并能将所学直接应用于科学研究或工程实践。因此,本书可作为科研人员或工程技术人员的参考用书,亦可作为高年级本科生或研究生的授课教材。

　　在本书付梓之际,感谢参与研究和编撰工作的团队成员向东山、孙欣荣、曾春晖、吴兆雨、罗文欣、陈端滢、周子寒、苏星溢、万磊、夏飞凡、宋鹏程等。本书的完成和出版也离不开以下项目的资助和支持:国家自然科学基金面上项目"摩擦自激扭振引发的钢轨波磨机理的研究"(No.51975436);工信部智能制造综合标准化与新模式应用项目"轻量化汽车底盘关键零部件智能工厂新模式"(No.2159999);湖北省高等学校省级教学研究项目"新工科背景下基于 CLIL 教学理念的浸入式双语课程教学改革与实践"(No.2018121)。在此致谢!

　　"问渠那得清如许,为有源头活水来"。科技和教学的发展都离不开创新和改革,但与革新相伴而来的是倍增的困难和挑战。故此,如有不妥之处,欢迎来函雅正。

刘晓刚

2022 年 5 月 30 日

CONTENTS

第1章

传动系统结构概述

随着汽车工业的高速发展，人们对汽车的噪声、振动与平顺性（noise，vibration and harshness，NVH）等要求越来越高，而且 NVH 指标也成为各大整车制造企业和零部件企业关注的重点问题之一。同时，在智能化、"互联网＋"的大背景下，汽车产业形态正在发生深刻的变化，互联网、虚拟仿真、柔性化制造等技术的广泛应用，使汽车产业正在被重新定义。汽车企业正在以智能制造的发展战略为牵引，以智能化工厂、智能化产品、智能新模式、智能化管理等作为着力点，全面推进汽车的智能设计与智能制造工作[1]。

本书以汽车传动系统为例，简要介绍智能设计以及智能制造在汽车中的应用。汽车发动机与驱动轮之间的动力传递装置统称为汽车传动系统。汽车传动系统主要由离合器、变速器、万向节、传动轴和驱动桥等组成，其结构如图 1-1 所示。

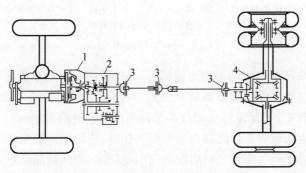

1—离合器；2—变速器；3—万向节；4—驱动桥。

图 1-1　汽车传动系统结构

汽车传动系统是汽车振动、噪声的主要来源，它由多个子系统组成，且各子系统均具有固有振动特性。在各种激励的作用下，传动系统不仅具有各子系统单一的振动形式，还存在各振动形式的耦合，包括同一子系统不同振动形式间相互影响产生的耦合振动，以及系统间相互作用产生的耦合振动。具体来说，发动机输出的动力经过变速器增矩减速之后传至传动轴，再由传动轴将动力输出给驱动桥，传动轴输出转矩的波动必然引起驱动桥的振动，而驱动桥的振动反过来也会影响传动轴的振动,进而产生传动轴和驱动桥的耦合振动。因此,对传动系统的耦合振动机理的研究是十分重要的。

1.1　传动轴结构概述

传动轴是汽车传动系统中传递动力的重要部件,它的作用是与变速器、驱动桥一起将发动机的动力传递给车轮,使汽车产生驱动力。传动轴主要由万向节、伸缩套以及轴管等部件组成,其布置形式一般分为 W 型结构和 Z 型结构两种,如图 1-2 所示。

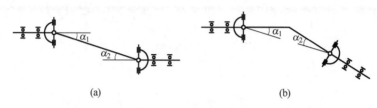

图 1-2　传动轴布置类型

(a) Z 型布置;(b) W 型布置

本书所介绍车型的传动装置由中间传动轴、主传动轴及三个万向节组成。由于轴距较长,发动机的速度波动、路面激励对悬架产生的振动都会造成传动轴振动的加剧,所以在中间传动轴上安装中间支承来降低振动。此外,作为传动系统必不可少的一部分,中间支承不仅起着支撑传动轴、连接传动轴与车架的作用,而且中间支承内部含有橡胶圈,对传动轴乃至整个汽车底盘都起着减振和降噪的作用。传动轴的结构组成如图 1-3 所示。

1—变速器输出轴;2—滑动叉;3,7,9—十字轴;4—中间传动轴;

5—中间支承;6—连接叉;8—主传动轴轴管;10—法兰叉。

图 1-3　传动轴的结构组成

作为汽车传动系统中传递动力的重要部件,传动轴在整个汽车系统中应具有以下作用:

(1) 将发动机的动力传递给驱动桥。在运行过程中,传动轴既要能够传递变速器在低挡位时输出的最大转矩,又要能够承受汽车在高挡位行驶时的转速。

(2) 在差速器轴和驱动轮轴之间夹角不断变化时,传动轴能够稳定运行和传递动力。

(3) 当差速器轴和驱动轮轴之间的距离发生变化时,传动轴能够稳定可靠地传递动力。

传动轴作为汽车传动系统的主要核心部件,目前主要有十字轴万向节传动轴和球笼式传动轴两种结构类型。下面对十字轴万向节、球笼万向节以及中间支承的结构作具体介绍。

1.1.1　十字轴万向节

十字轴万向节是实现变角度动力传递的关键构件,用于改变传动轴轴向相对位置,是汽车传动系统的"关节"部件。十字轴万向节为不等速万向节,即万向节前后端的瞬时速度不相等,允许相邻两轴的最大交角为 15°～20°。其结构组成如图 1-4 所示。

十字轴用于连接输入轴叉和输出轴叉,其中输入、输出传动轴叉垂直布置。十字轴

1—输入轴；2—十字轴；3,6—传动轴叉；4—卡环；5—轴承外圈。

图 1-4 十字轴万向节的结构

和传动轴叉间安装了滚动轴承,可以减小摩擦,使万向节两轴叉在存在轴向角度的情况下,依然可以传递扭矩。轴向夹角不可避免地会导致万向节两端的速度不相等,进而产生振动,降低整车 NVH 性能。

万向节传递动力的过程中具有以下特点[2]：

(1) 既要保证所连接两轴的相对位置在一定误差范围内,也要稳定可靠地传递动力。

(2) 轴向角度的存在会产生附加弯矩和载荷,引起振动和噪声,要保证万向节在允许的范围内实现两轴稳定运转。

(3) 由于十字轴万向节输入轴和输出轴之间存在夹角,促使传动轴前后端产生振动,因此,必须采用两个万向节或者多个万向节串联布置。同时万向节叉需要布置在同一平面内,以保证万向节轴间夹角相等,使其达到等速或近似等速。

1.1.2 球笼万向节

相比于十字轴万向节,等速万向节能克服普通十字轴式万向节存在的不等速性问题。目前等速万向节中应用最广泛的是球笼万向节,其结构如图 1-5 所示。

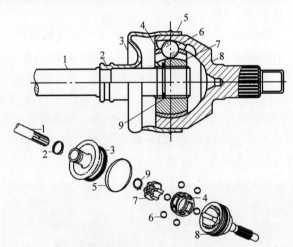

1—输出轴；2,9—卡环；3—外罩；4—保持架；5—大卡环；6—钢球；7—星形套；8—钟形壳。

图 1-5 球笼万向节的结构

输入轴和星形套通过花键连接,而输出轴和钟形壳通过焊接的方式连接在一起。输入轴与输出轴之间依靠若干个(一般为 6 个)钢球传递动力,其中滚珠镶嵌在球笼保持架中使钢球保持相对位置固定。当球笼万向节输入轴和输出轴的夹角发生变化时,钢球在星形滚道和球壳中滚动,从而实现不同轴间夹角下的动力传递。

由于球笼万向节的等速特性，轴间夹角存在与否并不会产生速度波动，但传递扭矩主要依靠钢球和滚道之间的相互作用力，所以其加工制造成本要比十字轴万向节高，且使用寿命在一定程度上也要低一些。十字轴万向节具有结构简单、生产成本低和维修方便等优点，但是，当万向节的夹角不为零时，在传递驱动转矩和转速的过程中会产生转速和转矩的波动，进而引起扭矩和力的不平衡，产生附加弯矩，加剧传动轴振动和噪声。所以这两种万向节的使用要依据具体工况而定。

1.1.3　中间支承

部分车型的变速器输出轴与驱动桥之间距离太大，为了提高传动轴的临界转速，减小振动和噪声，需要通过中间支承将传动轴连接在车架底盘横梁上，从而使中间传动轴与变速器输出轴的轴线在同一条直线上，保证中间传动轴的速度和变速器输出轴的速度相等。中间支承不仅可以对轴向位置安装误差和轴承前后窜动进行补偿和调节，而且起着减弱传动轴系统振动和噪声的作用，同时可以减少行驶过程中发动机跳动产生的变化量以及车架变形产生的位移[3]。

根据结构特征来分，目前应用于各种汽车上的中间支承主要分为双列圆锥滚子轴承式中间支承、蜂窝软垫式中间支承和摆臂式中间支承三种。

（1）双列圆锥滚子轴承式中间支承主要由支架、橡胶垫环和双列圆锥滚子轴承组成。双列圆锥滚子轴承具有连接承载能力大、运行磨损较小、使用寿命长等优点，在一些重型汽车中使用较广泛。

（2）蜂窝软垫式中间支承的轴承可以在轴承座内滑动，中间支承连接于车架上，在运动过程中，蜂窝橡胶垫可以吸收振动和噪声，而且可以适应安装误差和行驶中产生的位移，加上结构简单，因此被广泛采用。

（3）摆臂式中间支承可绕轴承摆动，从而调节由于发动机窜动引起的波动，橡胶衬套可以适应中间传动轴轴线在纵向平面的位置变化，也可以调节在横向平面内少量的位置变动。

本书介绍的中间支承主要由横梁支架、支承座、橡胶、支承轴承以及橡胶固定圈组成，其结构如图 1-6 所示。滚动轴承与花键轴承连接，橡胶体安装在外套与滚动轴承之间。当传动轴和驱动桥产生的激励作用在轴承上时，其激励经过橡胶体减振之后传到外套，进而传到车架上。因此，中间支承起着支撑传动轴、减小传动过程中振动和噪声以及改善汽车底盘抖动的作用，从而可以提高整车的 NVH 性能。

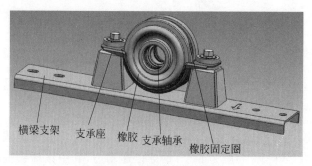

横梁支架　支承座　橡胶　支承轴承　　橡胶固定圈

图 1-6　中间支承的结构

中间支承虽不能传递轴向力,但可以承受由于轴管偏心引起的径向力、装配误差引起的径向力以及传动轴动不平衡引起的径向力,从而改善整车性能[4]。在设计中间支承时,要合理选择中间橡胶的刚度,使其固有频率所对应的临界转速尽量避开传动轴的常用范围,以防产生共振。汽车在实际行驶过程中,道路的起伏以及自身的动不平衡都会引起振动,当这些外部激励源的频率和传动轴系统的固有频率相近或相同时,会引起共振,造成零件损坏和振动加剧,行驶安全性和零部件的寿命均会受到严重影响。所以,对中间支承刚度和阻尼的取值要合理,以提高其隔振能力。

1.2 驱动桥结构概述

驱动桥是位于传动系统末端的动力传动机构,主要由主减速器总成、差速器总成、左右半轴和驱动桥壳等零部件组成,如图 1-7 所示。驱动桥的基本功能如下[5]:

(1) 将万向传动装置传递的转矩通过主减速器、差速器、半轴等传到驱动车轮,从而达到降低转速、增大转矩的目的;

(2) 通过主减速器圆锥齿轮副改变转矩的传递方向;

(3) 通过差速器实现两侧车轮的差速作用,保证内、外侧车轮以不同转速转向;

(4) 通过桥壳体和车轮起到承载及传递力矩的作用。

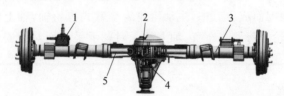

1—钢板弹簧座;2—差速器总成;3—桥壳;4—主减速器总成;5—半轴。

图 1-7 驱动桥总成

包含上述零部件的驱动桥在布置形式上一般分为两类:非断开式驱动桥与断开式驱动桥。非断开式车桥也称为整体式车桥,其半轴套管和主减速器壳均与桥壳刚性地连接成一个整体梁,这种结构的强度和刚度都较高,而且结构简单可靠,造价低廉,同时也方便驱动桥中主减速器与差速器的安装与维修。因此,非断开式车桥应用广泛,如越野车与重型卡车大都采用这种结构的驱动桥。但是由于非断开式驱动桥只是一根刚性梁,左右半轴及其连接的车轮不能相对于主减速器壳独立地上下摆动,当汽车在不平整路面上行驶时,单侧车轮受到的冲击会影响相连的对侧车轮,不利于降低汽车的振动。因此,配备非断开式驱动桥的汽车,其行驶的舒适性相对较低。

所以,为了提高汽车行驶的平顺性,部分后轮驱动汽车采用断开式驱动桥的布置形式,此种驱动桥总是与独立悬架相配合,因此也称为独立悬架驱动桥,其最大的特点在于将主减速器壳固定在车架横梁(或车身底板)上,并通过铰链相连。为了适应驱动轮可以彼此独立地相对于主减速器壳上下跳动,差速器和车轮之间通过万向节与半轴连接。

下面对驱动桥中的主减速器总成、差速器总成、半轴以及桥壳进行具体介绍。

1.2.1　主减速器

主减速器总成是汽车传动系统中的重要部件,与传动轴和驱动桥相连。发动机通过传动轴输出的扭矩不能直接作用于驱动车轮,而要通过主减速器将由传动轴传递的垂直方向的驱动力矩转变为水平方向的驱动力矩。主、从动齿轮的传动比较大,在获得较高驱动力矩的同时,可以降低发动机的转速,这样可保证离合器、变速器等都在较小的扭矩下工作。

某驱动桥主减速器总成如图 1-8 所示,它主要由主动齿轮、被动齿轮、差速器总成、轴承、轴承盖及主减速器壳等组成。主减速器装配时,圆锥滚子轴承应有一定的预紧力,以减小锥齿轮传动过程中轴向力引起的轴向位移,并提高轴的支撑刚度,从而保证锥齿轮副的正常啮合。如果预紧力过大,会降低传动效率,加重轴承磨损。为了调整圆锥滚子轴承的预紧力,可以通过改变垫片的厚度进行调整。

随着汽车工业的发展和制造技术的提高,主减速器中的主、从动齿轮逐渐由原来的直齿锥齿轮变化为准双曲面锥齿轮,这种改进可以使主齿轮轴相对于从动齿轮轴有一定的偏移量,从而改变了轴的位置,使车内空间更大,降低了汽车的高度。同时,准双曲面锥齿轮的啮合稳定性优于直齿锥齿轮,齿轮强度更高,可以传递更多的驱动力矩。因此,双曲面锥齿轮被广泛应用于主减速器的主动齿轮和从动齿轮中。

驱动桥主、被动齿轮系统由一对准双曲面齿轮组成,并通过两对轴承支撑,然后按照设计的安装距、偏置距装配而成。其中,主动齿轮为悬臂式齿轮轴,轴上的一对轴承采用背对背安装形式。被动齿轮为跨置式布置,轴上的一对轴承采用面对面安装方式。其装配形式如图 1-9 所示。

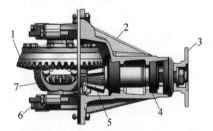 

1—被动齿轮;2—主减速器壳;3—轴承盖;
4—轴承;5—主动齿轮;6—螺栓;7—差速器总成。
图 1-8　主减速器结构图

1—主动齿轮;2—被动齿轮。
图 1-9　主减速器齿轮、轴承装配图

1. 主、被动齿轮

1) 齿轮类型

由上文可知,主减速器的主要传动机构为齿轮,其形式包括直齿圆柱齿轮、直齿锥齿轮、曲线锥齿轮和准双曲面锥齿轮等多种类型。

(1) 直齿圆柱齿轮用于传递两平行轴间的动力和转速,结构简单、加工容易,且直齿圆柱齿轮没有轴向力,工作中无须调整,多用于小型轿车上。

(2) 直齿锥齿轮的齿线形状是直线,制造容易,传动时轴向力小,支撑结构简单,可用来传递两相交轴之间的运动和动力,并保证两垂直轴的转动。但由于节锥的锥顶必须重合,这样就增加了制造、安装的困难,并降低了传动的精度和承载能力。此外,直齿锥齿轮也存在传动比小、轮齿重合系数小、传动噪声大的缺陷,因此一般应用于轻载、低速的场合。

(3) 曲线锥齿轮的齿线形状是圆弧,螺旋角通常为 $30°\sim35°$,该类型的齿轮允许的最少齿数随螺旋角的增大而减小。主动齿轮轴线与从动齿轮的轴线相互垂直并相交于一点。当传动比相同时,其结构尺寸比直齿锥齿轮小。传动时,由于曲线锥齿轮的啮合齿数较多,故承载能力较大,传动平稳,噪声小,但对轴承的支撑刚度和轴向定位要求较高。

(4) 准双曲面锥齿轮的节面在理论上应为双曲面,但实际均制成近似的圆锥面,因此也称为准双曲面锥齿轮。它与曲线锥齿轮的不同之处在于两齿轮的轴线相互垂直却不相交,具有一定的偏置距离,所以主动齿轮的螺旋角比从动齿轮大。当传动比一定时,准双曲面锥齿轮副中的小齿轮具有较大的分度圆直径,大大提高了齿轮的啮合刚度和强度,延长了齿轮的使用寿命,且使布置更加方便。此外,由于准双曲面锥齿轮啮合的齿数多,传动更平稳,噪声小,承载能力强,可获得更大的传动比。但双曲线齿轮的加工精度和装配精度要求高,而且在齿轮啮合时,沿齿宽方向的齿面滑动大,因而磨损大,传动效率较低。

由于准双曲面锥齿轮的啮合平稳性比直齿锥齿轮好,齿轮强度高,且能传递更大的驱动力矩,因此,本书中主减速器的主动锥齿轮和从动锥齿轮均采用准双曲面齿轮类型。为了保证传动时振动和噪声较小,以及沿齿宽方向的磨损均匀,必须保持主、被动齿轮的相对位置。主、被动锥齿轮的结构分别如图 1-10(a) 和(b)所示。

图 1-10 主、被动锥齿轮三维模型

(a) 主动锥齿轮三维模型;(b) 被动锥齿轮三维模型

由于准双曲面锥齿轮副两轴线存在偏置,如图 1-11 所示,在保证一定离地间隙的情况下,可以降低与之相交的传动轴的位置,使汽车重心降低的同时也提高了汽车底盘的离地间隙,提高了汽车的行驶稳定性,改善了汽车的性能。由于准双曲面锥齿轮副在啮合过程中存在相应的轮齿滑动,所以在使用中一般采用含刮伤添加剂的准双曲面锥齿轮油润滑,以减小摩擦,提高效率。

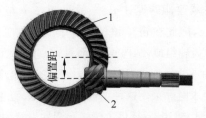

1—被动齿轮;2—主动齿轮。

图 1-11 主、被动锥齿轮偏置距安装图

2）齿轮的支承形式及安装方法

主动锥齿轮的支承形式有多种。如图1-12(a)所示为跨置式支承的结构,锥齿轮两端的轴上均有轴承,大大增加了支承刚度,因此齿轮的承载能力高于悬臂式。此外,由于齿轮大端一侧轴颈上的两个相对安装的圆锥滚子轴承之间的距离很小,缩短了主动齿轮轴的长度,使布置更紧凑,有利于整车布置。

如图1-12(b)所示的结构中,主减速器主动锥齿轮采用悬臂式支承方式。相比于跨置式支承,悬臂式支承的两个圆锥滚子轴承距离较远,中间会设置长隔套用来定位两轴承的内圈,因此这种布置方式降低了支撑的刚度,限制了齿轮的承载能力。所以主减速器主动锥齿轮的支承形式及安装方法对其支承刚度影响很大,是齿轮能否正确啮合和具有较高使用寿命的重要影响因素之一[6]。

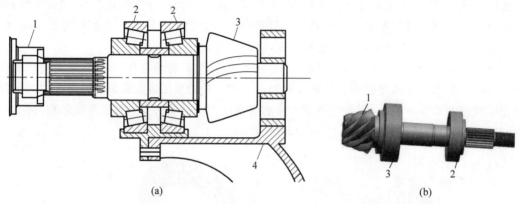

(a)　　　　　　　　　　　　　　　　　(b)

1—连接法兰总成；2—轴承；3—主动齿轮；4—主减速器壳。　　　1—主动锥齿轮；2—轴承2；3—轴承1。

图1-12　主减速器的主动锥齿轮的支承形式

(a) 跨置式支承；(b) 悬臂式支承

2. 主减速器的结构类型

主减速器的结构根据齿轮副的数目可分为单级减速和双级减速两种形式,根据传动比的大小又可分为单速式和双速式等多种类型。当主传动比 $i_0 \leqslant 7.6$ 时,通常采用单级减速;当 $7.6 < i_0 < 12$ 时,推荐采用双级减速;当 $i_0 > 12$ 时,就需要配置轮边减速器。当然,主减速器的选择还要考虑其他的因素。

(1) 单级主减速器是指由一对减速齿轮完成减速的装置,结构简单。在整车设计中,为了获得一定的离地间隙又不使从动锥齿轮的轮齿过分削弱,从动齿轮的直径往往受到限制,使得准双曲面锥齿轮单级主减速器的速比 i_0 一般只能在7左右。由于单级主减速器结构简单、质量小、效率高、成本低,因此在轿车和轻型货车上得到了广泛应用。

(2) 双级主减速器由两对齿轮组成,结构复杂、质量大,总速比可达12左右,主减速比可在较大范围内变化。由于齿轮及轴承数量增多,制造成本也随之增加,因此只有当传动比较大,且单级减速不能满足离地间隙等要求时才采用这种结构形式。按双级主减速器第二级减速形式的不同,可细分为锥齿轮-圆柱齿轮式、锥齿轮-行星齿轮式和圆柱齿轮-锥齿轮式等多种结构形式。

(3) 双速式主减速器的内部有两组减速比,可由驾驶员控制其不同组合来完成两种减速,通常用于载荷及道路状况变化大、使用条件复杂的重型载货汽车上。此种主减速器既可以使汽车在满载爬坡或通过恶劣路面时具有足够的动力,又可以使其在良好的路面上行驶时具有较高的车速和燃料经济性。双速减速器的主传动比与变速器各挡相配合,可实现多挡变速,这样有利于提高汽车在各种行驶条件下的动力性。但是,用双速主减速器代替变速器的高速挡,会使驱动桥的质量增大,制造成本提高,并应增设较复杂的操纵装置。双速主减速器同样由两级齿轮减速构成,第一级减速一般采用一对螺旋锥齿轮或双曲面锥齿轮。

1.2.2 差速器

驱动桥在向车轮传递驱动力矩的同时,也需要考虑车辆转弯问题。当汽车转弯时,外侧车轮走过的弧长要大于内侧车轮走过的弧长,若要保持左右车轮转速始终相等,则必然会出现轮胎的打滑和过度磨损现象。为了平衡内外车轮的转速差,差速器便应运而生。图1-13所示为某汽车的差速器结构,主要由4个行星齿轮、2个半轴齿轮、行星轮架(差速器壳)、行星齿轮轴以及轴承等零件组成。发动机的动力经主减速器的从动轮进入差速器,直接驱动行星轮架,再由行星轮带动左、右半轴,分别驱动左、右车轮以不同的转速运动。行星齿轮的背面做成球面,以保证行星齿轮更好地定心以及和两个半轴齿轮正确啮合。在传递扭矩时,沿行星齿轮和半轴齿轮的轴线承受着很大的轴向力,故齿轮传动时,为了减小摩擦,在半轴齿轮与差速器壳之间垫着垫片。

差速器的功能是在保持正常传递驱动力矩的工况下,允许内、外侧车轮的转速不相等,通过行星齿轮带动两边半轴以不同的转速运动,使两边的车轮作差速行驶,达到外侧车轮的转速快而内侧车轮的转速慢的目的。用两个车轮的转速差来弥补行驶距离的差异,可以减小轮胎与地面因为车辆转弯而产生的摩擦,从而保证汽车在转弯时的正常行驶。

差速器在结构类型上可分为普通对称式圆锥行星齿轮差速器与防滑差速器两大类。大多数汽车都属于公路运输车辆,对于在公路上和市区内行驶的汽车来说,由于路面状况良好,各驱动车辆与路面的附着系数变化很小。因此,几乎都采用结构简单、工作平稳、制造方便的普通对称式圆锥行星齿轮差速器。

图1-14所示为某对称式圆锥行星齿轮差速器结构,可以看出该差速器包含两个行星齿轮以及两个半轴齿轮,其中行星齿轮通过行星轮轴的连接与差速器壳一同旋转。同时,由于差速器壳直接与主减速器的从动齿轮相连,而每个行星齿轮均与两个半轴齿轮啮合,半轴齿轮又分别与左右两半轴相连接,因此,扭矩依次经过差速器壳、行星齿轮、半轴齿轮和半轴,最终传递给车轮,驱动车辆行驶。

1—左轴承;2—左外壳;3—半轴齿轮;4—右轴承;
5—右外壳;6—从动轮;7—行星齿轮;8—十字轴。

图1-13 差速器结构

1—从动齿轮;2—差速器壳;3—右半轴;
4—半轴齿轮;5—行星齿轮;6—左半轴。

图1-14 对称式圆锥行星齿轮差速器

当汽车在泥泞、砂地、冻结等路面上行驶时,驱动轮与路面之间的附着条件相差较大,驱动轮的一个轮子将不能从滑动中脱出,汽车将会出现打滑现象,从而严重影响汽车的行驶性能。对于经常行驶在泥泞、松软土路或无路地区的越野汽车来说,为了防止某一侧驱动车轮打滑,一般采用防滑差速器。图 1-15 所示为扭矩感应式防滑差速器的结构。

防滑差速器是对普通差速器的一种革新与改
进,它克服了普通差速器只能平均分配扭矩的缺陷,
可以将大部分甚至全部扭矩传递给另一个不发生打
滑的驱动轮,以充分利用驱动轮的附着力而产生足
够的牵引力,大大提高了汽车的动力性能,使汽车能
够正常行驶。常见的防滑差速器有强制锁止式差速
器、高摩擦自锁式差速器、牙嵌式自由轮式差速器和
托森差速器等。

图 1-15   扭矩感应式防滑差速器的结构

1.2.3   半轴

半轴也称为驱动轴,它位于桥壳内,用来传递差速器与驱动轮之间的转矩。因其传递的转矩较大,常制成实心轴。如果半轴发生了断裂,汽车便无法起步和行驶。根据外端支撑形式和受力情况的不同,半轴可分为全浮式、3/4 浮式和半浮式三种类型。三种形式半轴的结构示意图如图 1-16 所示。

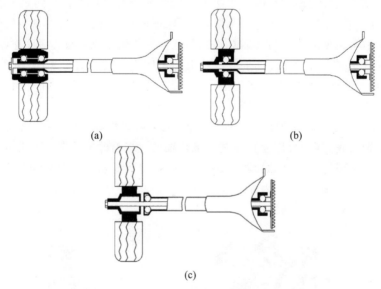

(a)   (b)

(c)

图 1-16   半轴结构形式
(a) 全浮式半轴;(b) 3/4 浮式半轴;(c) 半浮式半轴

如图 1-16(a)所示,全浮式半轴的轮毂用一对圆锥滚子轴承支承在半轴套管上,半轴内端用花键与半轴齿轮套合,并通过差速器壳支承在主减速器壳的座孔中。全浮式半轴只传递扭矩,而车轮上的力与弯矩则通过两个轴承(一般为圆锥滚子轴承)全部传递给桥壳,简化了半轴的受力,使得驱动桥的承载能力大大提高。

如图 1-16(b)所示,3/4 浮式半轴与全浮式半轴结构类似,其特点是半轴外端只有一个

轴承与桥壳连接,因此不能将车轮上的力与力矩完全传递到桥壳,所以半轴不仅要传递扭矩,也要承受一定的弯矩,其承受能力大小由半轴的刚度、轴承支承刚度和结构形式等因素决定。由于3/4浮式半轴在使用中轴承有歪斜的趋势,会降低轴承的寿命,因此现在的汽车上已经很少使用此种形式。

如图1-16(c)所示,半浮式半轴的外端与轮毂固定在一起,而支承半轴的轴承位于桥壳内,车轮与桥壳之间无直接联系,而支承于半轴外端,在这种情况下,半轴除了传递扭矩外,也要承受车轮传来的力和弯矩。虽然此种半轴的受力形式与3/4浮式类似,但是由于其结构简单、成本较低,在非重载及跨界车上应用广泛。

1.2.4 桥壳

驱动桥桥壳作为汽车传动系统的组成部分,可用来安装并保护主减速器、差速器和半轴。此外,作为行驶系统的一部分,它又可用来安装悬架或轮毂。桥壳既是承载件又是传力件,与前桥一起支承着汽车悬架的质量,同时也要承受驱动轮传递的反力和力矩。

如图1-17所示,驱动桥桥壳主要由中央壳体、左右半轴套管及其套管法兰、壳体后盖和钢板弹簧座等结构组成。中央壳体由钢板经冲压形成的两个半圆壳焊接而成,并与两个半轴套管焊接成桥壳的主体。半轴套管法兰被焊接在半轴套管的另一端,法兰的内圈用于安装半轴轴承,螺栓组用于连接半轴套管法兰和制动盘。中央壳体一侧开有放油孔,用放油螺塞密封。壳体一侧的开口用于焊接壳体后盖,盖上开有通气孔,另一侧焊接接口法兰,并通过螺栓组与主减速器壳连接。

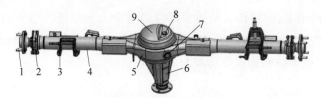

1—螺栓组;2—半轴套管法兰;3—钢板弹簧座;4—半轴套管;
5—中央壳体;6—主减速器壳;7—放油螺塞;8—通气塞;9—后盖。

图1-17 驱动桥桥壳

此种驱动桥桥壳结构简单,开发周期短,简化了制造工艺,可大批量生产。减速器齿轮副和差速器总成等独立装配在减速器壳上,当减速器及差速器总成出现故障时,只需拆下主减速器壳即可,方便维修。为了实现桥壳的轻量化设计,桥壳的各部分壁厚可以根据实际受力情况进行局部调整,在保证其强度和刚度的前提下,减小桥壳的质量。

该驱动桥桥壳采用钢板弹簧非独立悬架进行减振,钢板弹簧中部安装在桥壳的钢板弹簧座上,弹簧座下端安装与车架连接的减振器,与钢板弹簧一起缓冲垂向冲击力。汽车在行驶过程中,车轮与地面间会产生冲击载荷,若设计或制造工艺不当,容易引起桥壳变形或折断,所以设计时必须保证桥壳有足够的疲劳强度和刚度。

第2章

传动轴的振动分析

汽车的 NVH 性能是汽车制造商和驾乘人员关注的问题,提高汽车的 NVH 性能是目前汽车研究的主要目标。作为整个汽车传动系统中不可或缺的结构,传动轴在传递扭矩和转速时易产生各种振动。振动的加强会使传动轴各零部件产生额外的应力,严重时会导致传动轴部分零部件之间发生撞击,产生噪声,降低传动轴的传递效率。作为驱动桥的输入装置,传动轴必然会影响驱动桥的振动,而且弯曲振动还会使传动轴各个零部件产生弯曲变形,在交变载荷的作用下,会使传动轴的零部件的寿命大大降低。当传动轴高速旋转时,弯曲振动和扭转振动会相互影响加重传动轴的振动[7]。可见传动轴振动不仅影响整车的NVH 性能,还会影响车辆的使用寿命和安全性能。

2.1 万向节的运动学分析

本书介绍的万向节包括球笼式万向节和十字轴万向节两种,二者在动力学方面有本质区别。本章将从结构和运动学两方面对球笼式万向节和十字轴万向节进行分析,从理论上分析两种万向节的运动学特性,为接下来的传动系统振动研究做理论铺垫。

2.1.1 十字轴万向节的运动学分析

十字轴万向节传动轴的结构总成如图 2-1 所示。由于万向节的影响,主传动轴和中间传动轴在工作时会因转速不一致而产生一定的相位差,使其在传动过程中产生周期性的转矩波动。

1—第一万向节;2—第二万向节;3—第三万向节;4—主传动轴;5—中间支承;6—中间传动轴。

图 2-1 十字轴万向节传动轴结构总成

即使是满足等速条件的万向节传动系统,在工作过程中也会在万向节处产生附加交变载荷,引起附加扭转振动。其次,轴管的塑性变形、质量不平衡或传动叉的装配误差过大等因素也将导致传动轴产生振动。此外,十字轴与轴承间隙的增大、中间支承及轴承磨损等因素也将引起传动轴的振动与噪声。在研究传动轴的振动特性时,分析的重点在于因十字轴万向节引起的转速、转矩波动产生的振动和噪声。

十字轴万向节在车辆传动系统中十分常见,其结构简单,传动效率高,维护方便,在传动轴中应用广泛。传动轴中十字轴万向节的三维模型如图 2-2 所示。

单个十字轴万向节的结构简图如图 2-3 所示。

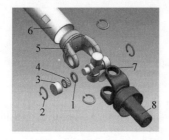

1—轴承油封;2—卡簧;3—轴承碗;4—轴承;
5—后轴叉;6—传动轴轴管;7—十字轴;8—前轴叉。
图 2-2 传动轴中十字轴万向节的三维模型

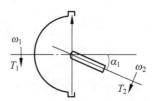

图 2-3 十字轴万向节结构简图
ω_1 为万向节输入角速度;T_1 为万向节输入扭矩;T_2 为万向节输出扭矩;ω_2 为万向节输出角速度;α_1 为万向节之间的夹角。

对于单个十字轴万向节而言,当万向节的输入轴与输出轴的夹角为 α,输入轴的扭转角位移为 θ_1 时,输入轴的角速度 ω_1 与输出轴的角速度 ω_2 之间存在如下关系[8]:

$$\frac{\omega_2}{\omega_1} = \frac{\cos\alpha}{1 - \sin^2\alpha \cdot \cos^2\theta_1} \tag{2-1}$$

假设传递过程中忽略万向节内部摩擦力以及万向节变形,即万向节在传递力矩时没有能量的损失,则根据能量守恒定律,万向节输出扭矩 T_2 和输入扭矩 T_1 之间存在如下关系:

$$\frac{T_2}{T_1} = \frac{1 - \sin^2\alpha \cdot \cos^2\theta_1}{\cos\alpha} \tag{2-2}$$

当输入轴与输出轴的夹角 α 为 0°时,十字轴万向节输出与输入转速相等;当输入轴与输出轴的夹角 α 不为 0°时,输入轴角速度恒定,输出轴角速度及扭矩成正弦规律波动,并且夹角越大,输出波动越剧烈。我们将万向节的这种输出波动现象称为十字轴万向节输出不等速性。

由图 2-3 可知,当输入轴与输出轴之间的夹角不为零度时,输入和输出力矩不在同一平面上,为了使万向节达到平衡状态,万向节上还会产生附加力矩 T_1'、T_2'。附加力矩会导致主传动轴产生弯曲变形,也被称为附加弯矩。十字轴万向节作用在主传动轴上的附加弯矩 T_1'、T_2' 的大小与万向节夹角 α 和输入轴扭转角位移 θ_1 有关,其关系如下所示:

$$T_1' = T_1 \sin\theta_1 \cdot \tan\alpha \tag{2-3}$$

$$T_2' = T_2 \cos\theta_1 \sqrt{1 + \sin^2\theta_1 \cdot \tan^2\alpha} \cdot \sin\alpha \tag{2-4}$$

附加弯矩的大小和方向随着主动轴和从动轴的转动而变化,并且具有相同的变化周期,这种附加弯矩会使传动轴发生弯曲变形。同时由于附加弯矩随着传动轴的转动变化,在传动时还会导致弯扭耦合振动,进而产生振动噪声,影响传动轴的使用寿命。

在汽车传动系统中,十字轴万向节的不等速性会使传动轴的转矩和转速发生突变,导致传动系统中各个零部件出现速度差,产生冲击振动[9]。同时,在实际工程应用中,由于汽车传动系统本身布置以及路面不平等因素的限制,十字轴万向节并不能时刻保持传动夹角为零度的状态。

以 Z 型布置类型为例进行运动学分析,其结构简图如图 2-4 所示。

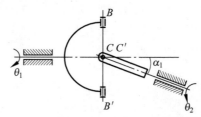

图 2-4 Z 型布置的十字轴万向节运动简图

θ_1 为万向节输入角位移;θ_2 为万向节输出角位移;α_1 为万向节之间的夹角。

根据普通十字轴万向节的运动学规律可知,当传动轴的运动达到稳定后,中间传动轴转角与主传动轴转角随两轴夹角的变化存在如下关系[10]:

$$\tan\theta_1 = \tan\theta_2 \cdot \cos\alpha_1 \tag{2-5}$$

式中,θ_1 为中间传动轴扭转角位移;θ_2 为主传动轴扭转角位移;α_1 为中间传动轴和主传动轴的夹角。经过推导,可得中间传动轴的扭转角位移与主传动轴扭转角位移之间的关系为

$$\theta_2 = \arctan\frac{\tan\theta_1}{\cos\alpha_1} \tag{2-6}$$

对式(2-6)两侧分别进行求导,可得中间传动轴的转动角速度 $\dot{\theta}_1$ 与主传动轴的转动角速度 $\dot{\theta}_2$ 之间的关系:

$$
\begin{aligned}
\dot{\theta}_2 &= \frac{\cos^2\theta_2}{\cos\alpha_1 \cdot \cos^2\theta_1}\dot{\theta}_1 = \frac{1}{\cos\alpha_1 \cdot \cos^2\theta_1(1+\tan^2\theta_2)}\dot{\theta}_1 \\
&= \frac{\cos\alpha_1}{1-\sin^2\alpha_1 \cdot \cos^2\theta_1}\dot{\theta}_1 \\
&= \frac{\cos\alpha_1}{\dfrac{1+\cos\alpha_1^2}{2} - \cos2\theta_1 \cdot \dfrac{1-\cos\alpha_1^2}{2}}\dot{\theta}_1
\end{aligned}
\tag{2-7}
$$

令 $A = \dfrac{1+\cos^2\alpha_1}{2\cos\alpha_1}, B = \dfrac{1-\cos^2\alpha_1}{2\cos\alpha_1}$,则式(2-7)可简化为

$$\dot{\theta}_2 = \frac{1}{A - B\cos2\theta_1}\dot{\theta}_1 \tag{2-8}$$

对式(2-8)两边进行求导,可得到主传动轴的角加速度 $\ddot{\theta}_2$ 为

$$\ddot{\theta}_2 = \frac{\ddot{\theta}_1}{A - B\cos2\theta_1} - \frac{2B\sin2\theta_1}{(A - B\cos2\theta_1)^2}\dot{\theta}_1^2 \tag{2-9}$$

式中,$\ddot{\theta}_1$ 为中间传动轴的角加速度;$\ddot{\theta}_2$ 为主传动轴的角加速度。

利用 MATLAB 软件对传动轴的运动规律进行仿真,结果如图 2-5 所示。其中,图 2-5 (a) 显示了主传动轴与中间传动轴转动角速度比 $\dot{\theta}_2/\dot{\theta}_1$ 随 θ_1 的变化曲线,图 2-5(b) 显示了主传动轴扭转角位移差 $\theta_2-\theta_1$ 随 θ_1 的变化曲线。

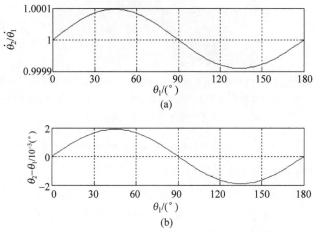

图 2-5 单十字轴万向节传动轴的运动规律

(a) 转动角速度比变化曲线;(b) 扭转角位移差变化曲线

由图 2-5 可知,当 θ_1 从 $0°\sim90°$ 变化时,主传动轴与中间传动轴的角速度比 $\dot{\theta}_2/\dot{\theta}_1>1$,扭转角位移差 $\theta_2-\theta_1>0°$,且均呈现先增大后减小的趋势。在此区间内主传动轴转角超前于中间传动轴转角,主传动轴转速先加快后减慢;当中间传动轴、主传动轴同时转过 $90°$,即 θ_1 从 $90°$ 变化到 $180°$ 时,两轴角速度比 $\dot{\theta}_2/\dot{\theta}_1<1$,扭转角位移差 $\theta_2-\theta_1<0°$,且均呈现先减小后增大的趋势。在此区间内主传动轴转角滞后于中间传动轴转角,主传动轴转速先降低后加快。由此可知,当中间传动轴以恒定速度转动时,主传动轴的速度是周期性变化的,这种由转速变化引起的中间传动轴、主传动轴转角差是导致传动轴在运动过程中出现振动的主要原因。

由式(2-2)可以看出,输入端与输出端的扭矩也受万向节夹角的影响,从而导致扭矩产生波动。同理,对于连接主传动轴和齿轮轴两端的扭转角位移、角速度、角加速度的关系也符合式(2-6)、式(2-8)和式(2-9)中的关系。由于在分析时已经将传动系统分为若干个子模型,而各个子模型均通过万向节进行连接,因此,根据上述万向节动力学方程可以将各个子模型进行联立,从而得到完整的传动系统模型,后文对此将进行详细分析。

2.1.2 球笼万向节的运动学分析

由于单十字轴万向节的转速、转矩波动问题会影响传动轴输出的平顺性,于是等速万向节概念被提了出来。等速是指在任意夹角情况下,输出端都能保持与输入端相等的转速与转矩,等速万向节极大地优化了动力传递的平顺性。球笼万向节就是一种典型的等速万向节类型,其结构如图 2-6 所示。

球笼万向节在现代车辆的转向驱动轴中广泛应用,可以保证在任何路况和转向条件下,发动机输出至车轮的转速、转矩平稳,具有高承载力、高传动效率、尺寸紧凑等优点。但其整

1—前密封盘；2—球笼万向节外壳(含内滚道)；3—钢球；4—卡圈；5—输出轴；

6—含密封套的后密封盘；7—星形套(含外滚道)；8—钢球保持架。

图 2-6　球笼万向节三维模型

体尺寸较十字轴万向节大,结构复杂,对球笼内外滚道加工精度要求高,制造成本较高。除此之外,球笼万向节的以下各项性能也均优于十字轴万向节:

(1) 输出性能平稳。球笼万向节可以等转速、等转矩输出,能够减轻与球笼万向节连接的后续部件的扭振。同时由于等速性,球笼万向节可以单独使用,而不必过多考虑球笼万向节的布置情况以满足输出等速性要求。

(2) 附加弯矩平稳。稳定的附加弯矩可以有效降低球笼万向节前后支承位置的激振,优化支承受力情况,有助于传动系统的平稳运行。

(3) 保证恶劣环境下的稳定运行。在轴间夹角变化剧烈的场合,球笼万向节可以在任何许用角度内实现等转速、转矩的输出。同时,6 个钢球可以承载较大力矩,具有较好的传动特性。

2.2　中间支承的振动分析

传动轴总成作为汽车传动系统的核心部件,主要作用是将发动机输出的动力传递给驱动桥,进而驱动汽车行驶,由于本身结构原因,它不可避免地会产生弯曲振动和扭矩振动,严重影响汽车行驶平顺性、乘坐舒适性以及相关零部件的使用寿命。作为传动轴总成的一部分,中间支承起着支撑和降低振动噪声的作用,故对传动轴总成及中间支承进行研究具有重要意义。

2.2.1　中间支承的基本结构及运动学分析

1. 中间支承的结构及运动学分析

作为传动轴安装在车架上的隔振器,中间支承主要由单列滚珠轴承、椭圆形橡胶衬套以及固定环、支架等支撑结构组成,如图 2-7 所示。

中间支承不仅可以抑制传动系统振动产生的径向力,而且还能承受传动轴角度变化引起的扭转振动。中间支承的隔振类型属于主动隔振,振源是机构本身。通过与轴承隔离,即隔离振源,可以减小系统振动,达到良好的减振效果。传动轴中间支承的隔振系统模型可以简化为一个单自由度质量弹簧主动隔振系统,如图 2-8 所示。当系统稳定运行时,产生的不平衡简谐激振力为 $F\sin\theta t$。

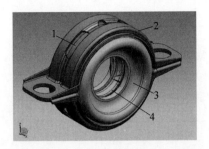

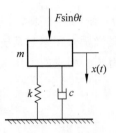

1—固定环；2—支架；3—橡胶衬套；4—轴承。

图 2-7 中间支承结构模型   图 2-8 中间支承隔振系统模型简图

于是，可以得出系统的振动微分方程：

$$m\ddot{x}(t) + c\dot{x}(t) + kx(t) = F\sin\theta t \tag{2-10}$$

对上式进行简化，令 $\omega^2 = k/m$，$2\xi\omega = c/m$，代入式（2-10）得

$$\ddot{x}(t) + 2\xi\omega\dot{x}(t) + \omega^2 x(t) = \frac{F}{m}\sin\theta t \tag{2-11}$$

该微分方程是二阶常系数非齐次微分方程，其通解由齐次方程的通解与非齐次方程的其中一个特解组成。根据相关知识，式（2-11）的一个特解可表示为

$$x(t) = a\sin\theta t + b\cos\theta t \tag{2-12}$$

式（2-12）中 a、b 为待定系数，将特解代入式（2-11）得

$$-\theta^2 a\sin\theta t - \theta^2 b\cos\theta t + 2\xi\omega(\theta a\cos\theta t - \theta b\sin\theta t) +$$

$$\omega^2(a\sin\theta t + b\cos\theta t) = \frac{F}{m}\sin\theta t \tag{2-13}$$

对式（2-13）中相同项进行整理合并得

$$[(\omega^2 - \theta^2)a - 2\xi\omega\theta b]\sin\theta t + [(\omega^2 - \theta^2)b - 2\xi\omega\theta a]\cos\theta t = \frac{F}{m}\sin\theta t \tag{2-14}$$

要使式（2-14）恒成立，相同项的系数应相等，可得出以下结果：

$$\begin{cases} (\omega^2 - \theta^2)a - 2\xi\omega\theta b = \dfrac{F}{m} \\ (\omega^2 - \theta^2)b - 2\xi\omega\theta a = 0 \end{cases} \tag{2-15}$$

令 $\lambda = \dfrac{\theta}{\omega}$，$X_{st} = \dfrac{F}{m\omega^2}$，其中 λ 为外加激励力的角频率与系统本身的固有频率之比，X_{st} 为系统受到的激励力产生的静位移。于是，式（2-15）可以转化为

$$\begin{cases} (1 - \lambda^2)a - 2\xi\lambda b = X_{st} \\ 2\xi\lambda a + (1 - \lambda^2)b = 0 \end{cases} \tag{2-16}$$

将 a、b 代入特解方程（2-12），可求出运动微分方程的一个特解：

$$x(t) = a\sin\theta t + b\cos\theta t = \sqrt{a^2 + b^2}\sin(\theta t - \alpha) = A\sin(\theta t - \alpha) \tag{2-17}$$

式中，A 为振动幅值，α 为相位角，其大小关系如式（2-18）和式（2-19）所示：

$$A = \beta_n X_{st} \tag{2-18}$$

$$\alpha = \arctan\frac{2\xi\lambda}{1 - \lambda^2} \tag{2-19}$$

$$\beta_n = \frac{1}{\sqrt{(1-\lambda^2)^2 + (2\xi\lambda)^2}} \tag{2-20}$$

式中，β_n 为系统的动力系数，是指稳态强迫振动的振幅与激励力幅值引起的静位移之比。它反映的是激励力频率与系统固有频率之间的关系，其大小只与激励力频率、系统固有频率和阻尼比有关。相应的变化关系如图 2-9 所示。

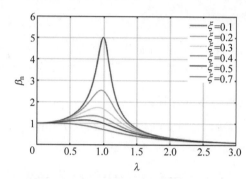

图 2-9　动力系数与频率比、阻尼比的关系

由动力系数与频率比之间的关系图可得出以下结论：

（1）当频率比 λ 趋近无穷大时，动力系数值接近 0。由于激励力频率太大、变化太快，而振动物体未能及时跟上变化，将维持在原位置不变。由此看出系统处于高频段时，整体系统的惯性大小决定了振动的振幅。

（2）当频率比 λ 趋近零时，激励力频率相对于系统固有频率很小。不管系统的阻尼比取值如何，系统的动力系数将不再受阻尼比变化影响，恒为 1。故此时振动系统的振幅与激励力产生的静位移一致，低频段时刚度决定了系统的振幅。

（3）当频率比 λ 为 1 时，振幅会急剧增大，系统产生共振。系统共振时动力系数与阻尼比成反比关系，此时阻尼比对系统的影响较大。由式（2-20）可以得出，共振时动力系数为 $\beta_n = \frac{1}{2\xi}$。

α 为系统振动响应相位滞后角，它受频率比和阻尼比的影响，其变化关系如图 2-10 所示。

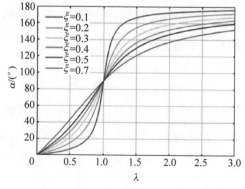

图 2-10　相位角与频率比、阻尼比的关系

从图 2-10 中可以看出，相位角在 0°～180°之间的变化是一条光滑的曲线，曲线随着阻尼比的减小逐渐接近两条水平线，相位角随着频率比的增大呈现增大的趋势。当频率比为 1，即系统发生共振时，不管阻尼比如何变化，系统的相位滞后角均为 90°，这也是系统发生共振时的一个通用评价指标。

2. 中间支承的隔振能力评估

经过隔振后中间支承处受到的力为

$$F_0 = kx + c\dot{x} = c\theta A\cos(\theta t - \alpha) + kA\sin(\theta t - \alpha)$$
$$= A\sqrt{k^2 + (c\theta)^2}\sin(\theta t - \alpha - \varphi) \tag{2-21}$$

由式(2-21)可以看出，经过隔振系统后，中间支承所受的力和激励力存在相位差。隔振后的中间支承所受力的幅值与系统初始激励力幅值之比称为系统的隔振系数，用 TA 表示，可用来衡量系统的隔振能力。

于是可得系统的隔振系数 TA 为

$$TA = \frac{A\sqrt{k^2 + (c\theta)^2}}{F} \tag{2-22}$$

将式(2-22)进行整理得

$$TA = \sqrt{\frac{1 + (2\xi\lambda)^2}{(1 - \lambda^2)^2 + (2\xi\lambda)^2}} \tag{2-23}$$

作为传动系统中的隔振元件，中间支承的隔振能力可通过隔振系数来衡量。隔振系统的核心是选择恰当的系统刚度、阻尼和阻尼比，使减振性能达到使用要求，从而获得系统最优隔振能力。图 2-11 所示为隔振系数与频率比、阻尼比之间的关系。

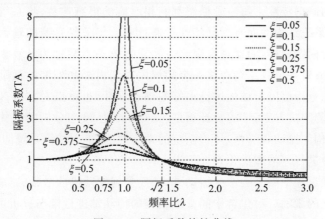

图 2-11 隔振系数特性曲线

从图中可以看出：

(1) 当频率比 λ 大于 $\sqrt{2}$ 时，系统隔振系数小于 1，不管阻尼如何变化，系统都具有隔振能力。频率比越大，理论上讲隔振效果越好。实际中，系统的固有频率不能取得太小，否则会使弹性元件刚度太低，难以支承整个系统的质量，造成系统的不稳定。从图中发现，当频率比上升到一定程度时，隔振系数的值变化平缓。故在设计隔振系统时应综合考虑各因素，选取恰当的参数以提高隔振能力。

（2）当频率比 λ 等于 1 时，固有频率和激励力频率相同，系统发生共振，是系统的危险点，设计时应避免出现这种情况。

（3）当频率比 λ 小于 $\sqrt{2}$ 时，系统不起隔振作用。隔振系数大于 1，增加系统阻尼可以减小系统振动噪声，特别是在共振区域效果更加明显。

（4）当频率比 λ 为 $0.75 \sim \sqrt{2}$ 时，系统会发生共振，应尽可能使系统固有频率和激励频率分离，以求脱离该危险区，此时的动力系数也大于 1。

汽车在正常行驶时，不管处于加速阶段还是减速阶段，激励频率都是在 0 到某一定值之间发生变化，难免会经过共振频率点，于是系统必须有一定的阻尼来抑制共振区的振动，改善中间支承的性能。中间支承刚度能改变系统的固有频率，因此合理选择中间支承的刚度和阻尼对隔振性能的影响很大。

中间支承的固有频率计算公式为

$$f_0 = \frac{1}{2\pi}\sqrt{\frac{C_{\mathrm{r}}}{m}} \tag{2-24}$$

式中，m 为中间支承的质量；C_{r} 为中间支承的径向刚度。

在进行中间支承的设计时，应合理选择中间支承的径向刚度，使固有频率所对应的临界转速尽可能低于传动轴的常用转速范围，以防产生共振。

2.2.2　中间支承的振动仿真分析

1. 中间支承振动模态分析

模态分析是对结构动力学特性进行研究且非常有效的一种动态分析法，在工程领域中，可用于辨别系统的振动特性。每一阶模态都有相对应的模态参数，将系统的每阶模态相互叠加，就可以反映系统结构的固有振动特性。通过实验将采集系统的输入和输出数据进行参数识别称为实验模态分析，而通过有限元方法获得模态参数称为计算模态分析。对结构进行模态分析，能够对系统或结构在某一个频域内受到内部和外部的激励后的振动响应做出初步判断。模态分析可以对结构进行更好的动态设计，也可以对共振区产生的故障进行诊断，并提出有效的解决方案，节省设计周期。总体来说，模态分析的具体应用有识别系统结构载荷、控制结构的振动和噪声、评价系统的动态性能、进行结构系统的预报和诊断，以及对新产品开发设计进行评估和优化设计等[11]。

传动轴在运动过程中除了会产生振动外，还要受到发动机的激励、路面外在因素引起的激励以及车轮产生的激励。对包含中间支承结构的传动轴进行模态分析可以避免传动轴的固有频率与这些激励频率相同，从而避免引起共振，提高中间支承的使用寿命和整车舒适性。前期准备工作包括：

（1）建立传动轴总成的三维模型，并转化为有限元软件可以识别的文件格式；

（2）明确轴管零件材料的单位属性，确定单位类型和实常数；

（3）明确轴管零件在传动轴总成中与其他零件的约束关系，为后续刚性区域的建立做准备。

1）传动轴中间支承三维模型建立

本书所介绍的传动轴中间支承总成由滑动叉、轴管、轴叉、十字节、滑动花键、中间支承、输出法兰等部件组成。由于进行模态分析时,结构越复杂,求解计算越困难,很容易出现错误,因此,在不影响仿真和分析的基础上,省略了一些结构。本书对各部分进行了实体建模,然后在 UG 装配模式下,将各部分装配成一个整体。装配图如图 2-12 所示。

图 2-12　中间支承传动轴总成三维模型

2)有限元模型的建立和材料属性定义

将建立好的模型输出为 Parasolid 格式,导入 Workbench 软件中,完成传动轴中间支承总成的有限元模型的建立,如图 2-13 所示。

图 2-13　中间支承传动轴总成有限元模型

中间支承的材料属性如表 2-1 所示。

表 2-1　中间支承的材料属性

材　　料	弹性模量/GPa	泊松比	密度/(kg/m³)	屈服强度/MPa	抗拉强度/MPa
钢	207	0.29	7801	335	375~500
6061-T651	71	0.33	2700	276	310

在进行网格划分前,需先对装配体各部件进行材料定义,根据表 2-1 中的材料参数进行定义。由于软件本身材料库含有一些材料属性,故只需对铝合金材料进行定义,结果如图 2-14 所示。

图 2-14　材料属性定义

3)网格划分

使用 Workbench 软件对模型进行网格划分,划分网格的一般流程如下:

(1)选择网格目标的物理环境和确定网格划分方法。进行网格划分之前,必须先确定要分析的类型,不同物理环境下的参数设置对结果影响很大;

（2）确定全局网格设置和局部网格设置，主要是对网格的尺寸、平滑度等网格参数进行设置；

（3）对网格进行划分，预览生成的网格并进行必要的调整。

自由划分网格方法是使用最多的一种划分方法，操作简单，而且可以自动识别几何体的形状特征，生成的网格类型一般是四面体和六面体的结合。本书网格划分的几何体是一个装配体，内部含有许多部件，形状比较复杂，网格划分的精密程度将直接影响计算的精度，同时对计算机的要求也较高，所以对模型使用自由网格划分方法进行网格划分，划分的结果如图 2-15 所示。

图 2-15　自由网格划分结果

4）边界条件定义

为了更加真实地模拟传动轴总成实际工况，在对传动轴总成进行模态分析时，需添加一定的约束条件，以便更加真实地模拟系统的振动环境。传动轴的约束施加结果如图 2-16 所示。

图 2-16　边界施加图

5）模态分析计算与轻量化结果分析

由于低阶模态能够反映传动轴总成的刚度特性，可通过对低阶模态进行分析，避免传动轴与其他构件在低频段发生共振，所以研究低阶模态参数更具指导意义。对建立的有限元模型进行材料属性定义、网格划分和边界条件的添加后，便可在软件中进行模态计算求解。提取传动轴的前 12 阶模态频率，求解结果如表 2-2 所示。

表 2-2　传动轴中间支承总成模态频率

阶数	1	2	3	4	5	6
频率/Hz	176.20	190.87	372.71	425.88	463.04	517.07
阶数	7	8	9	10	11	12
频率/Hz	527.55	578.21	676.87	768.83	916.82	988.96

从模态图中可以直观地看到传动轴的各阶振型，前 6 阶振型如图 2-17 所示。由图 2-17 可知，传动轴的前 6 阶模态频率最小值为 176.20Hz，而一般车身部分的固有频率不超过 50Hz，远远地避开了发生共振的区域，故传动轴动力总成不会和车身产生共振。根据前人研究，汽车在正常行驶中，驱动桥主减速器主、从动齿轮的旋转频率不会超过 83.33Hz 和 16.26Hz，也不会与传动轴发生共振[12]。汽车传动轴共振与否，还取决于来自路面的低频

激励频率。路面的激励不仅与汽车的行驶速度有关,还与路面的不平度紧密相关[13]。路面的激励频率的计算公式为

$$f = \frac{v_{\max}}{3.6L_{\min}} \tag{2-25}$$

式中,$v_{\max}$ 表示汽车行驶的最高车速;$L_{\min}$ 表示行驶的路面不平度的最小波长。不同路面的路面不平度波长如表 2-3 所示[14]。

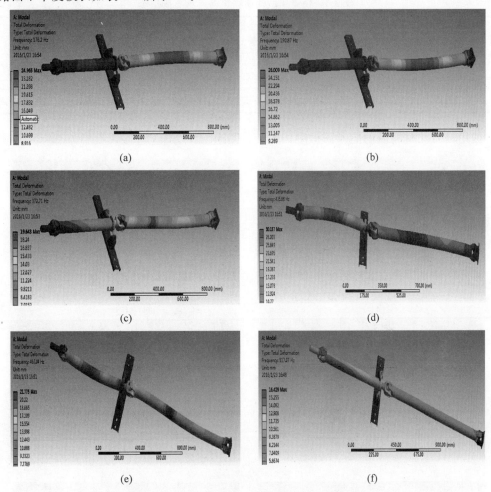

图 2-17 传动轴中间支承总成的前 6 阶振型

(a) 1 阶振型;(b) 2 阶振型;(c) 3 阶振型;(d) 4 阶振型;(e) 5 阶振型;(f) 6 阶振型

表 2-3 不同路面的路面不平度波长

路面状况	平坦公路	未铺装路面	碎石路	搓板路
波长范围/m	1~6.3	0.77~2.5	0.32~6.3	0.74~5.6

假设汽车在各种路面的最大行驶速度为 120 km/h,根据表中各种路面的不平度波长,可求出路面产生的激励频率。汽车在平坦公路行驶时,来自路面的激励频率最大值为 33.3Hz,在未铺装路面的最大激励频率为 43.3Hz,在碎石路面的最大激励频率为 104Hz,在搓板路的最大激励频率为 45Hz,而传动轴动力总成的最小共振频率为 176.2Hz,可远远

避开共振区域,不会发生共振。

原有材料下传动轴总成的动力性能不会与车身和路面产生共振。要判断材料更换后整体的振型是否满足使用要求,轻量化方案是否具有可行性,还需要对轻量化的传动轴总成模型进行模态分析。将中间支承的材料更换成铝合金,其他参数保持不变,轻量化后的中间支承模态求解结果如表 2-4 所示。

表 2-4　轻量化后传动轴中间支承总成模态

阶数	1	2	3	4	5	6
频率/Hz	160.86	186.90	368.97	414.92	421.14	481.07
阶数	7	8	9	10	11	12
频率/Hz	514.41	556.84	665.77	720.71	905.53	975.25

使用轻量化材料后的前 6 阶振型如图 2-18 所示。

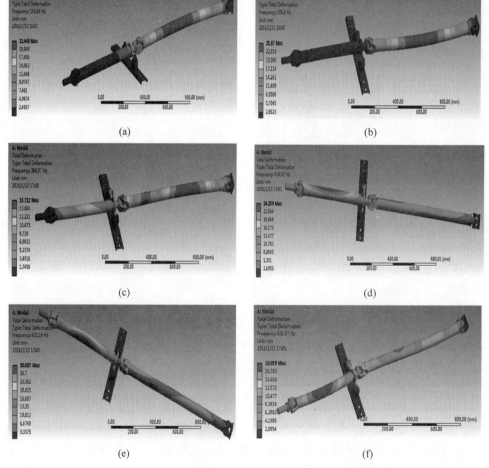

图 2-18　轻量化后传动轴中间支承总成的前 6 阶振型

(a) 1 阶振型;(b) 2 阶振型;(c) 3 阶振型;(d) 4 阶振型;(e) 5 阶振型;(f) 6 阶振型

由传动轴总成振动振型和模态频率参数值可知,轻量化后传动轴的模态参数相比之前变化很小,前 6 阶的振型也是一致的。通过仿真得到的前 12 阶模态,变化幅度基本都在 8％以内,不会发生共振,说明使用轻量化材料对整体模态的影响不大,对中间支承材料进行轻量化的方案是可行的,可进行后续的动力学仿真分析。

2. 中间支承动力学仿真分析

虚拟样机技术(virtual prototype technology)又称为系统动态仿真技术,是指在产品设计开发过程中,将分散的零部件设计和分析技术相互结合,在计算机上创建出产品的实体模型,并对该产品在实际投入使用中的各种工况进行仿真分析,预测产品的整体性能,从而改进产品设计参数并提高产品质量的一种创新性技术[15]。

在传统的产品设计和制造过程中,首先进行概念设计和方案论证,然后进行产品的设计。在设计完成之后,为了验证设计的可行性,往往需要搭建样机进行实验验证,但是实验情况大多复杂,有些甚至是破坏性的,在这样的设计和实验验证环境下,不仅耗费了大量的资源,也使得设计难以达到预期效果,增加了设计的难度、延长了设计周期。随着计算机图形学的快速发展,虚拟样机技术应运而生。这种新技术解决了样机实验周期长、投资大的弊端,利用产品的各种几何特征建立起产品的实体模型,获得产品的虚拟样机,进而在虚拟环境下仿真出产品在各种工况下的运动状况,为产品的优化设计提供理论和数据支持,直到设计出最理想的产品为止。这种虚拟实现的方式不仅大大降低了产品设计成本,缩短了开发周期,而且还能制造出性能更加优良的产品[16]。

1) ADAMS 软件简介

ADAMS 软件就是将虚拟样机技术具体实现的一种计算机辅助工程(computer aided engineering,CAE)仿真软件。ADAMS 软件采用交互式的人机界面环境,操作方便,简单易学,它不仅集成了强大的计算机辅助设计(computer aided design,CAD)建模系统,能够创建完整的产品参数化模型,而且具有完备的零件库、约束库和力库,为建模和仿真分析提供了极大的便利[17]。ADAMS 采用多刚体动力学中的拉格朗日方程方法进行求解,建立系统动力学方程,能对复杂的机械系统进行静力学和动力学仿真分析,能够直观地仿真机构之间的运动,得到速度、加速度等曲线和产品的幅频、相频特性,为产品的性能分析和优化设计提供依据。

ADAMS 软件包含很多模块,如用户界面模块(adams/view)、求解器模块(adams/solver)、系统模态分析模块(adams/linear)和后处理模块(adams/postprocessor)等,其中核心模块包括用户界面模块、求解器模块和后处理模块,这些模块的主要功能是在建立好仿真模型以后,设置好材料属性和相关参数,对模型进行约束和加载,然后利用软件的自动求解功能求解出模型在这些约束和载荷下的响应,并通过直观的图形或动画显示出求解的结果,以达到预测产品整体性能的目的。

2) ADAMS 原理介绍

ADAMS 仿真分析理论是随着计算机 CAE 技术的快速发展和多体系统动力学的完善而发展起来的。多体系统动力学分为多刚体系统动力学和多柔体系统动力学。如果将系统中每个物体都看作不变形的刚性体,则该系统称为多刚体系统;若系统中有一些物体必须考虑其变形,则称之为多柔体系统。本书所分析的是汽车动力系统,在这个系统中很多部件都发生了弹性形变,所以本书中主要应用到了多柔体系统动力学的理论。

多体系统动力学的基本问题是系统特性、激励和系统的动态响应三者之间的相互关系问题。系统特性是指系统本身固有的性质，如质量、刚度、固有频率等，在 ADAMS 中一旦建立好系统的虚拟样机模型，系统的固有特性也就随之确定。激励包括系统的外部激励和内部激励，外部激励在 ADAMS 中表现为施加到系统中的各种约束、载荷和驱动力、驱动力矩，内部激励是由系统特性激励决定的，包括刚度激励、制造误差激励和装配误差激励等。而系统的动态响应指的是系统在激励的作用下所产生的响应，在 ADAMS 中表现为输出的速度、加速度、力和力矩等图表以及一些动态图像。

ADAMS 仿真分析实际上是运动学以及动力学矩阵方程建立和求解的一个过程。在 ADAMS 中根据系统自由度（degree of freedom，DOF）的数值是否为零来决定对系统进行怎样的分析。当 DOF＝0 时，对系统进行运动学分析，此时只考虑系统的运动规律而不考虑系统所受的外力；当 DOF＞0 时，对系统进行动力学分析，不仅要求系统满足约束条件，而且要求系统能够按照指定的运动规律进行运动，它又包括准静力学分析和瞬态动力学分析。接下来依次介绍这两种分析情况下方程的建立和求解。

（1）ADAMS 运动学分析

ADAMS 建立动力学方程采用的是动力学理论中的拉格朗日方程方法。使用笛卡儿坐标对研究构件的空间位置和方位进行描述，位置坐标分别用 x、y、z 表示，其空间方位分别用 ψ、φ、θ 表示，每个坐标又包含 6 个广义坐标，分别为 $\boldsymbol{q}_i = [x, y, z, \psi, \theta, \varphi]^{\mathrm{T}}$ 和 $\boldsymbol{q} = [\boldsymbol{q}_1^{\mathrm{T}}, \boldsymbol{q}_2^{\mathrm{T}}, \cdots, \boldsymbol{q}_n^{\mathrm{T}}]^{\mathrm{T}}$。

设运动副的约束方程数为 nh，用来表达系统中构件之间存在的运动副连接关系。运动学约束方程用系统广义坐标矢量表示为

$$\boldsymbol{\Phi}^k(\boldsymbol{q}) = [\Phi_1^k(\boldsymbol{q}), \Phi_2^k(\boldsymbol{q}), \cdots, \Phi_{nh}^k(\boldsymbol{q})] = \boldsymbol{0} \tag{2-26}$$

在进行运动学分析时，要保证系统具有确定的运动形式，必须使系统自由度为零，所以系统施加的驱动约束数应等于系统的自由度数，即

$$\boldsymbol{\Phi}^D(\boldsymbol{q}, t) = \boldsymbol{0} \tag{2-27}$$

两式合并一起可表示为

$$\boldsymbol{\Phi}(\boldsymbol{q}, t) = \begin{bmatrix} \boldsymbol{\Phi}^k(\boldsymbol{q}, t) \\ \boldsymbol{\Phi}^D(\boldsymbol{q}, t) \end{bmatrix} = \boldsymbol{0} \tag{2-28}$$

令 $\Delta \boldsymbol{q}_j = \boldsymbol{q}_{j+1} - \boldsymbol{q}_j$ 表示第 j 次迭代，根据牛顿-拉夫森迭代方法可以确定系统在任意时刻的位置，对系统约束方程进行求解得

$$\frac{\partial \boldsymbol{\Phi}}{\partial \boldsymbol{q}_j} \Big| \Delta \boldsymbol{q}_j = \boldsymbol{\Phi}(\boldsymbol{q}_j, t_n) \tag{2-29}$$

根据约束方程，求解任意时刻系统的速度：

$$\frac{\partial \boldsymbol{\Phi}}{\partial \boldsymbol{q}} \dot{\boldsymbol{q}} = -\frac{\partial \boldsymbol{\Phi}}{\partial t} \tag{2-30}$$

同理，根据约束方程可求出加速度：

$$\frac{\partial \boldsymbol{\Phi}}{\partial \boldsymbol{q}} \ddot{\boldsymbol{q}} = \left[\frac{\partial^2 \boldsymbol{\Phi}}{\partial^2 t^2} + \sum_{k=1}^n \sum_{l=1}^n \frac{\partial^2 \boldsymbol{\Phi}}{\partial \boldsymbol{q}_k \partial \boldsymbol{q}_l} \dot{\boldsymbol{q}}_k \dot{\boldsymbol{q}}_l + \frac{\partial}{\partial} \left(\frac{\partial \boldsymbol{\Phi}}{\partial \boldsymbol{q}} \right) \dot{\boldsymbol{q}} \frac{\partial}{\partial \boldsymbol{q}} \left(\frac{\partial \boldsymbol{\Phi}}{\partial t} \right) \dot{\boldsymbol{q}} \right] \tag{2-31}$$

根据拉格朗日方程可以得出任意时刻的约束反力：

$$\left(\frac{\partial \boldsymbol{\Phi}}{\partial \boldsymbol{q}} \right)^{\mathrm{T}} \lambda = - \left\{ \frac{\mathrm{d}}{\mathrm{d}t} \left(\frac{\partial T}{\partial \dot{\boldsymbol{q}}} \right)^{\mathrm{T}} - \left(\frac{\partial T}{\partial \dot{\boldsymbol{q}}} \right)^{\mathrm{T}} - \boldsymbol{Q} \right\} \tag{2-32}$$

式中，λ、T、Q 分别是拉格朗日乘子、系统动能、广义力矩阵。

（2）ADAMS 动力学分析

在动力学软件 ADAMS 中对所建立的机械系统模型添加约束和载荷，系统便可自动建立动力学方程：

$$\begin{cases} \theta(\boldsymbol{q},\dot{\boldsymbol{q}},t)=0 \\ \dfrac{\mathrm{d}}{\mathrm{d}t}\left(\dfrac{\partial T}{\partial \dot{\boldsymbol{q}}}\right)^{\mathrm{T}}-\left(\dfrac{\partial T}{\partial \boldsymbol{q}}\right)^{\mathrm{T}}+\varphi_q^{\mathrm{T}}\rho+\theta_{\dot{\boldsymbol{q}}}^{\mathrm{T}}\boldsymbol{u}-\boldsymbol{Q}=\boldsymbol{0} \\ \varphi(\boldsymbol{q},t)=0 \end{cases} \tag{2-33}$$

式中，$\varphi(\boldsymbol{q},t)=0$ 为完整的约束方程；$\theta(\boldsymbol{q},\dot{\boldsymbol{q}},t)=0$ 为非完整的约束方程；$\boldsymbol{q}$ 为系统的广义坐标列阵；ρ 为对应完整的约束方程的拉式乘子列阵；$\boldsymbol{u}$ 为对应于非完整约束方程的拉式乘子列阵。

系统总的动能可表示为

$$T=\sum\frac{1}{2}m(\boldsymbol{q}_i^{-1})^2 \tag{2-34}$$

约束方程是关于广义坐标 $\boldsymbol{q}_i$ 和 t 的二阶微分方程组，因此可将式（2-34）用矩阵形式表达：

$$\begin{cases} F(\boldsymbol{q},\boldsymbol{v},\dot{\boldsymbol{v}},\boldsymbol{\lambda},t)=0 \\ \boldsymbol{G}(\dot{\boldsymbol{q}},\boldsymbol{v})=\boldsymbol{v}-\dot{\boldsymbol{q}}=\boldsymbol{0} \\ \boldsymbol{\Phi}(\boldsymbol{q},t)=\boldsymbol{0} \end{cases} \tag{2-35}$$

式中，F 为系统动力学微分方程；$\boldsymbol{G}$ 为描述非完整约束的方程矩阵；$\boldsymbol{\Phi}$ 为描述完整约束的代数方程矩阵；$\boldsymbol{\lambda}$ 为系统的约束反力和作用力矩阵；$\dot{\boldsymbol{q}}$、$\boldsymbol{v}$ 为系统的广义速度矩阵。

3）传动轴中间支承总成的虚拟样机模型的建立

采用 ADAMS 对运动学与动力学理论进行分析研究，可以为传动轴总成的振动性能分析奠定基础。本书中对传动轴中间支承总成的动力学分析的步骤如图 2-19 所示。

由于 UG 软件的建模功能强大，特别对曲线曲面的设计优于其他建模软件，而传动轴中间支承总成结构十分复杂，故选用 UG 先进行建模，然后导入 ADAMS 中生成动力学仿真模型，并对其进行前处理设置，完成约束的添加、转速以及负载的确定。最后利用软件对仿真结果进行验证，判定所建仿真模型的正确性。

为了保证所装配的三维模型的合理性，利用软件自带的干涉检查功能对所建立的三维装配模型进行干涉检查分析。图 2-20 所示为传动轴中间支承总成的 UG 干涉检查结果。

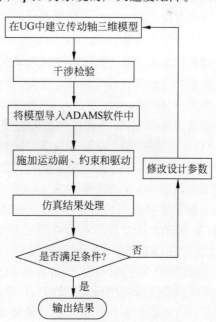

图 2-19　传动轴中间支承总成
的动力学分析步骤

图 2-20 传动轴中间支承总成的 UG 干涉检查结果

干涉检查结果说明装配建模是合理的，可建立虚拟样机模型进行后续的动力学仿真分析。将模型导入软件可得到传动轴中间支承总成的虚拟样机三维模型，如图 2-21 所示。

图 2-21 传动轴中间支承总成的虚拟样机三维模型

（1）仿真约束施加

在导入模型进行仿真之前，需根据系统各个构件实际的运动情况添加运动约束。为便于研究，对传动轴中间支承总成做了一些简化处理和假设：

① 将传动轴中间支承总成的所有构件视为刚体。

② 不考虑制造误差和装配时存在的间隙。

③ 忽略万向节、中间支承、滑动花键等部件在运动过程中的摩擦和碰撞对传动轴中间支承总成振动性能的影响。在输入端滑动叉处添加旋转副进行模拟，同样在输出法兰处也添加一个旋转副。

万向节输入轴叉和输出轴叉本身真实的运动情况是各自绕着十字轴轴线旋转，万向节又绕着自身轴线转动，因此在万向节处用两个互相垂直的旋转副进行连接，且绕着各自轴线添加，如图 2-22 所示。利用同样的方式在中间万向节处和输出万向节处添加旋转副来模拟仿真运动。

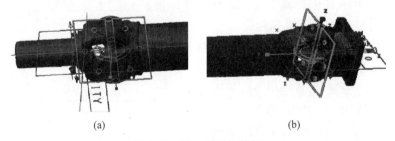

(a) (b)

图 2-22 运动副添加结果

(a) 中间万向节运动副添加；(b) 输出万向节运动副添加

所研究的车型采用的是非独立悬架结构，为了调整行驶过程中轴向滑动的跳动量，使用滑动花键方式进行连接。同时在滑动花键和传动叉之间添加移动副，在滑动花键和前轴管连接处添加固定副。同理，其他与轴管相连的构件均施加固定副，如图 2-23 所示。

中间支承安装在车架横梁或车身底架上，要求它能补偿传动轴的安装误差，以及适应行驶中由于发动机的弹性悬置引起的发动机窜动和车架变形引起的位移。同时橡胶弹性元件还可以吸收传动轴振动、降低噪声及承受径向力。研究中把中间支承简化成轴承和外套,并将橡胶和外套看作一体,为了模拟中间支承的实际减振功能,用两个互相垂直的弹簧进行模拟,并在弹簧上设置相应的阻尼和刚度。中间支承内的轴承在实际装配时,与花键进行过盈配合连接,因此在中间轴承和花键之间添加固定副,另外中间轴承和外套间采用旋转副连接,如图 2-24 所示。

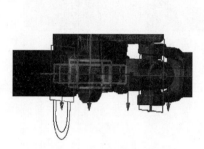

图 2-23 滑动花键处约束添加

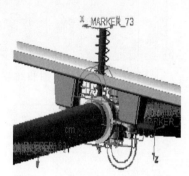

图 2-24 中间支承处约束添加

(2)虚拟样机仿真模型的生成和初步验证

各部件之间的约束和负载添加完成之后,建立好的虚拟样机仿真模型如图 2-25 所示。

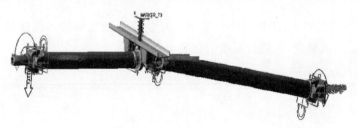

图 2-25 传动轴中间支承总成的虚拟样机仿真模型

为了防止建模中出现的一些错误导致后来仿真数据的不准确,需要对所建立的模型进行检验。本节主要从以下两个方面进行检验:

① 检验模型中各个零件的参数单位、质量、质心以及装配位置等,修正不相符的部分;

② ADAMS 本身具有对模型约束和自由度自行检查的功能,在工具栏上单击 Tool,然后单击 Model Verify,系统自动检查所建模型的装配约束、自由度以及驱动。

检查结果如图 2-26 所示,可以看出,模型中共有 14 个移动部件,9 个旋转副,1 个移动副,5 个固定副,1 个驱动,与实际所添加的一致,系统不存在过度约束,故建立的模型是正确的,可进行后续仿真。

(3)动力学仿真验证

仿真模型初步验证已完成,为了进一步确定仿真模型的正确性,通过对模型进行模拟驱动运行,将仿真数据与理论结果进行对比,检验仿真模型正确与否。传动轴的输入端输入驱动为 step(time,0,0d,1,5000d),不考虑发动机转速波动。仿真时间设置为 2.5s,仿真步数设置为 0.01。

输入端滑动叉角速度仿真结果如图 2-27 所示,输入端滑动叉在 1s 后达到稳定,转速值达到 5000(°)/s,与设置的参数一致。

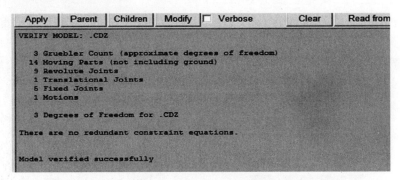

图 2-26　ADAMS 自检结果

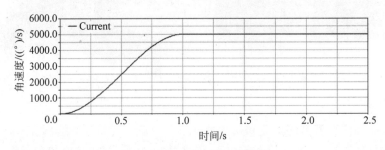

图 2-27　输入端滑动叉角速度

从图 2-28 中可以看出,输出端法兰处角速度仿真曲线图和输入速度是一致的,所以仿真模型具有一定的准确度,可进行后续的仿真分析。

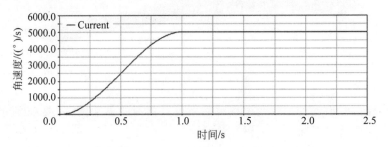

图 2-28　输出端法兰处角速度

从图 2-29 中可以看出,当轴管输入转速达到稳定时,不再像滑动叉和输出法兰一样平稳运行,而是存在上下波动,且波动最大值为 5037.3648(°)/s,最小值为 4962.8547(°)/s,这是由于传动轴总成轴间存在夹角,导致轴管输出转速呈现周期性变化。

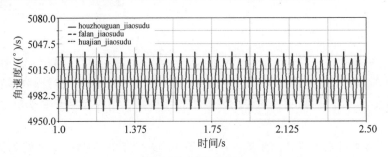

图 2-29　轴管角速度

2.2.3 中间支承的刚度特性实验分析

根据 CAD 图纸装配要求,采用缓慢加载方式测试径向的橡胶刚度。目的是通过中间支承刚度实验,验证所建立的橡胶支承仿真模型的正确性。

1. 中间支承实验步骤及方法

(1)测试样件:某零部件供应商提供的中间支承总成焊合件(不含支架、托架部分),其样件实物图如图 2-30 所示。

图 2-30 橡胶衬套实验件

中间支承测试样件的基本参数见表 2-5。

表 2-5 中间支承测试样件基本参数

样 件 参 数	数 值	样 件 参 数	数 值
硬度/HS	60	内径/mm	30
杨氏模量/MPa	3.63	外径/mm	114
剪切模量/MPa	1.21	长度/mm	30

(2)测试设备:MTS 400Hz 弹性体测试系统(型号 MTS793)。

(3)实验标准:GMW-14682-2007 Force-Deflection Characteristics of Elastomeric Components《单轴应力下弹性件的力偏转特性》以及 GMW-14682-S07-2007 Force-Deflection Characteristics of Elastomeric Components under Uni-axial Stress《单轴非轴向应力下弹性件的力偏转特性》。

(4)测试方法与步骤:将测试装置固定在测试实验台上,装夹实验样件,调节固定工装下端导槽位置,保证均匀加载。针对实验件,固定中间支承两侧的安装孔,通过施力工装对轴承内圈施加径向载荷,对应径向实验装置如图 2-31 所示。测试前将样件置于环境温度(23℃±3℃)下无压力状态静置适应至少 16h。径向载荷从 0N 至 ±500N 加载,加载速度为 20mm/min,预循环 3 次,第 4 次正式测试,以 10mm/min 的速度加载位移 ±10mm,在 0~8mm 位移区间记录输出位移-载荷数据及曲线。

2. 中间支承实验测试结果分析

将预循环后正式测试的数据绘制成应力-应变曲线,如图 2-32 所示。按照以上方法,重复实验三次,取平均值为有效值。根据下式可计算出径向刚度:

$$k_z = \frac{F_2 - F_1}{S_2 - S_1} \tag{2-36}$$

式中，k_z 为径向刚度；S_1 为初始位移；S_2 为终止位移；F_1 为初始载荷；F_2 为终止载荷。

根据式(2-36)，可得实验测试后的位移-载荷数据如表 2-6 所示。

1—施力设备；2—施力工装；3—中间支承样件；4—固定工装。

图 2-31　加载实验装置

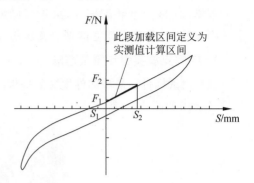

图 2-32　支承刚度应力-应变曲线

表 2-6　样件平均刚度测试数据统计

测试项目	样件 1	样件 2	样件 3
径向(z 向)刚度/(N/mm)	44.2	44.8	43.7

实验测试结果表明，中间支承径向刚度平均值为 44.5 N/mm。由支承刚度测试曲线可知，当位移较小时，应力-应变曲线近似线性变化；当位移逐渐变大时，径向刚度值会逐渐增大，其变化会变得缓慢；当径向位移大于轴承内圈与橡胶圈的间隙值时，中间支承的钢板和支承座为传动轴的主要承载部件，支承橡胶的减振作用降低。综上所述，对于复杂橡胶件，采用上述静刚度实验测试方法能够有效地对橡胶特性进行定量分析。

3. 中间支承振动实验

为验证上述测试结果，对中间支承刚度优化前后的传动系统进行平台测试以及车内噪声测试，研究不同工况下的系统响应和车内噪声，为传动轴-驱动桥总成的降振减噪及整车 NVH 性能改善提供参考。相应的测试样件及振动平台如图 2-33 所示。

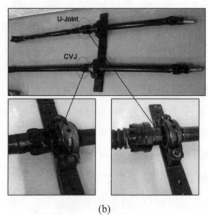

(a)　　　　　　　　　　(b)

图 2-33　传动轴-驱动桥振动测试平台

(a) 振动测试平台；(b) 传动轴测试样件

通过提取中间支承刚度改进前后在支承座外圈垂直上方信号点的振动值,可得到中间支承支架外圈的振动幅频曲线,如图 2-34 所示。

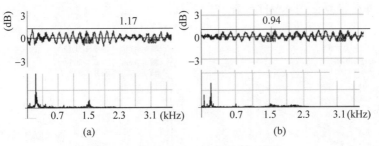

图 2-34　传动轴-驱动桥振动测试曲线
(a) 改变前振动幅值;(b) 改变后振动幅值

通过对比可知,当传动轴输入转速为 2000r/min 时,改变中间支承刚度后,中间支承横梁支架上的振动幅值从 1.17dB 下降至 0.94dB。此外,在低频段,固有频率的共振峰值明显降低;在高频段,原频率峰值区域幅值也有所降低。因此,适当提高中间支承刚度可有效避开共振区域。

4. 中间支承对车内噪声的路试实验

路试中的振动测试装置采用本科研团队研发的"便携式微车噪声性能测试系统",来测量传动系统的振动,测试时以驱动桥桥壳垂直方向的振动信号作为衡量系统 NVH 性能的重要参数。测试装置如图 2-35 所示。

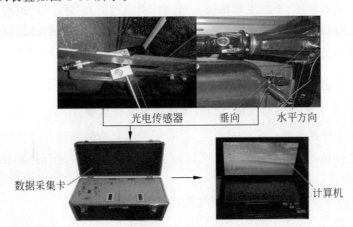

图 2-35　路试测试系统

以安装在车辆上的传动系统为实验对象,在安装好传感器之后,对便携式测量仪进行调试。其具体操作方法为:将整车加速至 1000r/min 使传动轴匀速空转,一人在悬空底盘处微调光电传感器,另一人在车内观察并采集信号波形,直至转速跳动非常小,调试步骤完成。路试中在加速工况下,改变中间支承刚度前后主减速器的垂向振动曲线如图 2-36 所示。

图 2-36 所示为测试转速范围为 1500～4200r/min 时,加速工况下的主减速器垂直方向参考点的振动曲线,其中红色曲线表示加速阶段,蓝色曲线表示滑行阶段。由图 2-36(b)可知,支承刚度改变后的振动加速度的振动幅值均降至标准曲线之下,主减速器的振动得到一

定的改善。以上实验结果表明,中间支承刚度对传动轴的弯曲振动有较大影响,对驱动桥齿轮的扭转振动也存在一定影响,选择合适的中间支承结构以及适当调整中间支承橡胶硬度值,可改善汽车传动系统的 NVH 性能。

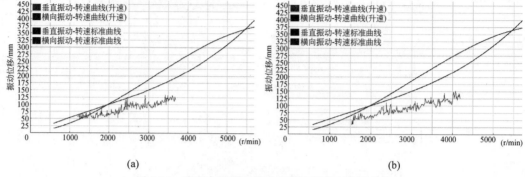

(a)   (b)

图 2-36 改变支承刚度前后主减速器垂向振动曲线
(a) 改变刚度前;(b) 改变刚度后

2.3 传动轴总成的振动分析

在前文中已经对 ADAMS 原理做了详细介绍,在此不再重复叙述。在本节中,通过建立十字轴万向节传动轴与球笼万向节传动轴的虚拟样机模型,在 ADAMS 虚拟样机中对两种传动轴在不同输入转速、不同主轴轴间夹角条件下进行仿真,进一步分析两种传动轴的输出特性、中间支承振动以及传递效率情况,探究球笼万向节的使用对传动轴振动特性与动力传递特性的影响。

2.3.1 传动轴总成振动仿真模型的建立

1. 十字轴万向节传动轴与球笼万向节传动轴仿真模型建立

ADAMS 虚拟样机虽然自带建模功能,但对于形状复杂的部件,虚拟样机自带的建模模块无法方便地进行精确建模,因此,需要借助专业的 CAD 软件进行传动轴三维模型的建立,并通过中间格式导入虚拟样机中。本书利用 UG 建模软件,建立了十字轴万向节传动轴与球笼万向节传动轴模型。模型总成如图 2-37 所示。

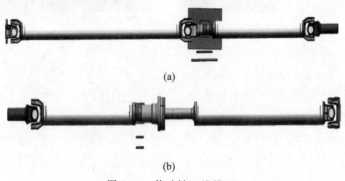

(a)

(b)

图 2-37 传动轴三维模型
(a) 十字轴万向节传动轴三维模型;(b) 球笼万向节传动轴三维模型

2．动力输入与约束设置

导入 ADAMS 虚拟样机进行仿真之前需要添加约束方能实现传动轴的正常仿真运转。图 2-38 所示分别为对两种传动轴添加驱动。

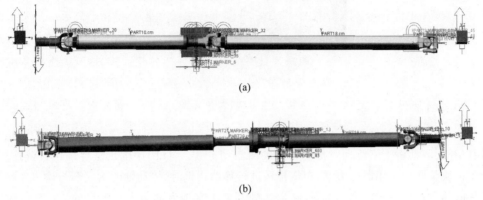

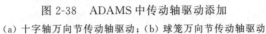

图 2-38　ADAMS 中传动轴驱动添加

（a）十字轴万向节传动轴驱动；（b）球笼万向节传动轴驱动

在传动轴前后端添加定位块，并对定位块施加约束与驱动，以便在后续分析中改变传动轴万向节的角度[18]。十字轴万向节前后端采用铰链副将主动叉与十字轴、从动叉与十字轴进行约束连接，如图 2-39（a）所示。而球笼万向节结构复杂，因此在保留球笼万向节整体质量信息的前提下，在钟形壳与输出轴之间添加等速驱动副，并且在钢球、保持架与钟形壳之间采用固定连接方式，以避免仿真中零件脱出。球笼万向节的约束方式如图 2-39（b）所示。

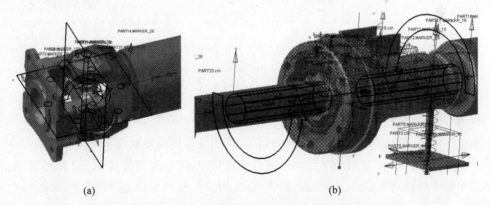

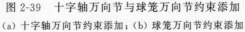

图 2-39　十字轴万向节与球笼万向节约束添加

（a）十字轴万向节约束添加；（b）球笼万向节约束添加

对于中间支承，在建模时预先添加了水平方向与垂直方向的辅助平面用以添加弹簧阻尼约束。依据实际安装情况，传动轴中间支承内圈作为橡胶减振环的等效弹簧阻尼约束的目标部件，第 1 辅助平面作为弹簧阻尼约束的另一目标部件；此外，在第 1 辅助平面添加滑动副，同时在第 2 辅助平面之间添加中间支承支架与轴承的等效弹簧阻尼约束，用以模拟和观察中间支承架上的输出加速度。中间支承位置具体约束添加见图 2-40。

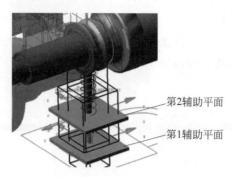

图 2-40 中间支承约束

图 2-41(a)中传动轴滑动叉与变速器输出花键滑动连接采用圆柱副等效,并与前定位块关联,用以补偿驱动桥上下跳动时传动轴的轴向窜动;图 2-41(b)中输出法兰采用铰链连接,并与后定位块关联。采用以上方法,在定位块进行移动调整时,传动轴的输入端与输出端将跟随定位块的移动产生一定的夹角关系,从而达到调节十字轴万向节夹角的目的。传动轴驱动则是在滑动叉圆柱副上施加一个旋转驱动,该驱动可以通过编写驱动函数进行控制。

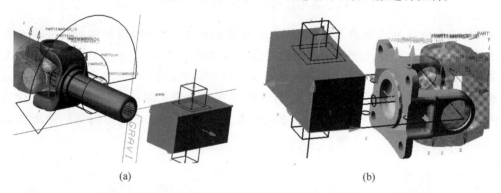

图 2-41 传动轴输入与输出端约束示意图
(a) 花键滑动连接;(b) 铰链连接

2.3.2 传动轴总成振动仿真分析

由于车辆变速器输出花键安装位置的问题,其轴线与传动轴轴线不可避免地会存在一个较小的夹角。在仿真中,通过调节传动轴前后端定位块,可以得到传动轴上不同的轴间夹角。所研究车型的后悬架为非独立悬架设计,在实际运行时,驱动桥将随悬架上下跳动,传动轴主轴轴管与前轴管和输出法兰无法保持一个恒定夹角,会在一定范围内变化。依据车辆设计要求,传动轴轴间夹角最大不允许超过 8°,否则将会加剧传动轴输出波动,影响汽车的平稳运行。

依据所研究车辆设计参数与实车的布置情况,传动轴主轴轴管与前轴管之间的常见夹角变动约束为 4°～6°。在仿真过程中,为合理分配工作量,分别选定轴间夹角 3°、4°、5°、6°、7°作为分析变量,研究不同转速下轴间夹角对传动轴总成振动的影响。传动轴前后管的夹角需通过改变传动轴前后定位块垂向的位置来实现,在控制函数中,step 函数可以满足该要求。仿真以 500r/min 为步长,在 1000～4500r/min 转速区间内对十字轴万向节和球笼万向节的振动进行比较。其加速度、转矩波动和传动效率对比情况分别如

图 2-42~图 2-44 所示。

1. 振动加速度

对比图 2-42(a)与(b)可知,球笼万向节传动轴在不同轴间夹角下具有更低的垂向振动加速度,且不同夹角下的振动加速度曲线重合度较大,振动性能良好;对比图 2-42(c)与(d)可知,球笼万向节传动轴在不同夹角下,水平振动加速度曲线上升平稳,且不同夹角下振动加速度差异较小。

对比图 2-42(a)与(d)两种传动轴的振动加速度,虽然球笼万向节传动轴在 2500~3500r/min 区间内的振动加速度大于十字轴万向节传动轴,但球笼万向节传动轴在 3500~4500r/min 的高转速区间内未出现较大的振动加速度突变,其高速稳定性较好,传动轴运行平稳,有利于传动轴的优化。

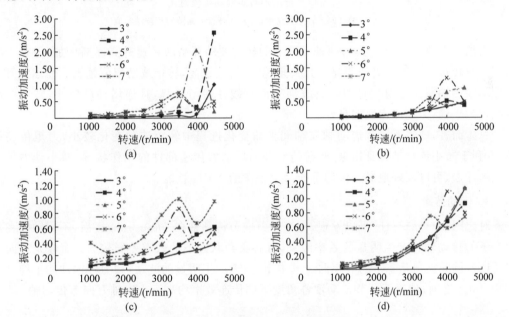

图 2-42 中间支承振动加速度对比

(a) 十字轴万向节垂向振动加速度;(b) 球笼万向节垂向振动加速度;
(c) 十字轴万向节水平振动加速度;(d) 球笼万向节水平振动加速度

由上述分析可得出如下结论:

(1) 十字轴万向节传动轴的中间支承垂向振动加速度在中高转速时会出现振动突变,并且水平振动加速度随轴间夹角的变化具有较大差异。这种由万向节角度变化引起的加速度突变会严重影响传动轴的 NVH 性能。

(2) 球笼万向节传动轴较十字轴万向节传动轴的中间支承垂向振动加速度小,且水平振动加速度变化平稳。因此球笼万向节传动轴具有更好的轴间夹角适应性与平顺性,可以较好地提升整车 NVH 性能。

2. 转矩波动

由图 2-43(a)可以发现,当轴间夹角为 3°和 4°时,十字轴万向节传动轴在两种角度下出现的转矩波动幅值在 3000r/min 时出现较为明显的差异,并且随着转速的升高,该差异增大;而由图 2-43(b)可知,随着转速升高,球笼万向节传动轴在两个角度下的转矩波动幅值的差异情况并不明显,且转矩波动幅值曲线基本重合。

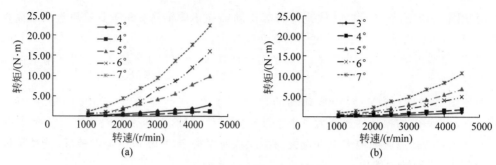

图 2-43　传动轴转矩波动幅值对比
(a) 十字轴万向节转矩波动幅值;(b) 球笼万向节转矩波动幅值

当轴间夹角为 5°、6°、7°时,两种万向节的转矩波动开始随转速升高逐渐增加,但是十字轴万向节转矩波动增加更为明显。且夹角越大,转速越高,转矩波动幅值越大。而球笼万向节传动轴在轴间夹角为 7°时的转矩波动幅值呈线性递增趋势,且递增梯度较小,转矩波动情况较为平稳,力矩传递性能良好。

总体而言,球笼万向节传动轴在轴间夹角变化过程中转矩波动变化较小,力矩传递平稳,有利于减小传动轴自身扭振,改善传动轴前后动力传递部件的工作状况,减小动力传递系统的冲击,可以较好地提升传动系统乃至整车的 NVH 性能。

3．传动效率

对比图 2-44(a)与(b)可以发现,十字轴万向节传动轴在 3000r/min 之后,不同轴间夹角状态下的传动轴将产生明显的效率波动,且各夹角状态下的效率差异较大;而球笼万向节传动轴各轴间夹角状态下的效率曲线基本重合,未产生明显的波动,动力传递性能平稳。在 4000r/min 之前,球笼万向节传动轴各角度下的传递效率均高于十字轴万向节传动轴。

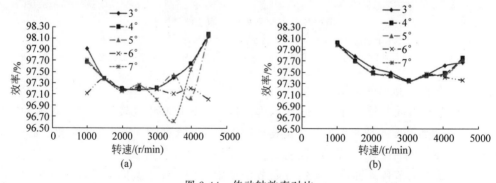

图 2-44　传动轴效率对比
(a) 十字轴万向节传动轴效率;(b) 球笼万向节传动轴效率

总体而言,球笼万向节传动轴的效率更加稳定,效率均值可以保持在较高水平。可以证明球笼万向节传动轴具有更好的动力传递性能。因此,在传动系统设计中,可以考虑采用球笼万向节来保持动力的平稳传递。

第3章

驱动桥的振动分析及优化设计

驱动桥是汽车传动系统末端重要的动力传动机构,整车动力经发动机、变速器、传动轴后最终传递到驱动桥。根据汽车悬架结构的不同,驱动桥按结构形式可分为断开式驱动桥和整体式驱动桥。本书研究的是整体式驱动桥,其特点是桥壳与主减速器壳、半轴套管之间都采用刚性连接。桥壳通过钢板弹簧与车架连接,左右两边的车轮及半轴不会在横向平面内发生移动。与整体式驱动桥相反,断开式驱动桥两侧的车轮经弹性悬架直接和车身连接,主减速器壳体也不再安装在桥壳上,而是固定在车架上。断开式驱动桥的主要特点是左右两侧车轮可以不再是同上同下的运动,可以相对车身独立地跳动,这样可以有效地减缓由路面激励产生的振动[19]。

汽车驱动桥的主要功能是增大发动机传递来的扭矩,并由差速器将扭矩合理地分配到两侧的驱动车轮上,同时降低左右车轮的转动速度。当发动机纵向放置时,驱动桥的主从齿轮副还能起到改变扭矩的传递方向的功用。转弯时,通过驱动桥差速器总成的行星齿轮和半轴齿轮保证左右两侧车轮以不同转速运动,从而达到差速的目的。所以驱动桥是整车动力传动系中最重要的部件之一,整车舒适性与使用性能的优越程度也与主减速器、桥壳、差速器等构件设计的好坏息息相关。

3.1 驱动桥桥壳的振动与噪声分析

为了对驱动桥振动特性及桥壳辐射噪声进行深入研究,并建立完整的驱动桥振动和噪声分析流程,本节建立了综合考虑驱动桥内、外部激励及轴承滚子接触振动影响的主减速器耦合振动理论模型及仿真模型,通过对动力学模型的数值求解,分析系统的动态响应。基于理论分析,采用模态叠加法对桥壳进行振动特性分析,并以桥壳表面振动响应作为桥壳辐射噪声数值计算的边界条件,对桥壳辐射噪声进行预测。此外,针对目前研究的不足,对桥壳进行透射噪声及隔声性能研究。最后,对驱动桥进行振动与噪声的台架实验以验证所建立的主减速器耦合振动模型及桥壳辐射噪声预测模型的正确性,并根据本书建立的驱动桥振动与噪声分析流程,对驱动桥进行优化设计。

3.1.1　驱动桥桥壳模态与频率响应分析

由于驱动桥桥壳的模态固有属性决定了桥壳在任意激励下振动与噪声的表现形态,故本节首先通过模态分析对桥壳的固有振动特性进行相应的评估。

1. 模态分析理论基础

模态分析一般包括理论模态分析和实验模态分析。其中,理论模态分析是建立以模态质量、模态刚度和模态阻尼等模态参数表示的动力学微分方程并求解其模态参数的过程。

对于具有 n 自由度的线性系统,在物理坐标系下,其运动微分方程可表示为

$$M\ddot{X}(t) + C\dot{X}(t) + KX(t) = F(t) \tag{3-1}$$

式中,M 为系统的质量矩阵;C 为系统的阻尼矩阵;K 为系统的刚度矩阵;$X(t)$ 为位移向量;$F(t)$ 为外部激励向量。

由于结构的阻尼机理比较复杂,缺少精确的数学描述,因此在此简要分析结构的无阻尼自由模态。根据式(3-1),可得无阻尼自由振动系统的振动方程为

$$M\ddot{X}(t) + KX(t) = 0 \tag{3-2}$$

由于结构的自由振动可以看作若干简谐振动的叠加,因而无阻尼自由振动系统的理论位移响应 $X(t)$ 可以写成谐波形式:

$$X(t) = \varphi e^{i\omega t} \tag{3-3}$$

式中,φ 为节点振动位移幅值向量;ω 为简谐振动频率;i 为虚数单位。将式(3-3)代入式(3-2),消去 $e^{i\omega t}$ 可得

$$(K - \omega^2 M)\varphi = 0 \tag{3-4}$$

为使式(3-4)存在非零解,应令其特征多项式为零,即

$$\det|K - \omega^2 M| = 0 \tag{3-5}$$

对式(3-5)进行求解,可以得到 $\omega_1^2, \omega_2^2, \cdots, \omega_n^2$ 等多个非 0 特征值,将其代入式(3-4),进而可求解得到系统的特征向量 φ。

2. 桥壳有限元模型的建立

由于驱动桥桥壳结构的复杂性,较难求出其振动方程的精确解析解,本节结合实际工程中该类结构的模态求解方法,采用有限元法进行桥壳模态频率及振型的求解。用有限元法求解前需对桥壳进行前处理,将桥壳离散为一定数量的带节点的单元,获得桥壳有限元模型,本节利用单元划分功能较强大的 Hypermesh 软件进行桥壳的前处理。

考虑到 Hypermesh 软件几何建模能力不够突出,因此在三维制图软件 UG 中建立桥壳的几何物理模型并进行去圆角、螺栓等相关处理后,将其导入 Hypermesh 软件中进行单元的划分。桥壳物理模型见图 3-1,其主要由主减速器壳、后盖、半轴套管三个部件组成。

由于驱动桥桥壳的结构复杂,综合计算时间和精度,并结合工程经验,将整体单元尺寸大小确定为 2mm。选用四面体单元进行划分,并定义单元类型为带中间节点的 Solid187 四面体单元。后盖与主减速器壳间的螺栓采用刚性单元 RBE2 模拟,半轴套管与主减速器壳间添加接触。为确保有限元模型的精度,单元划分完成后,利用 Hypermesh 中的单元质量

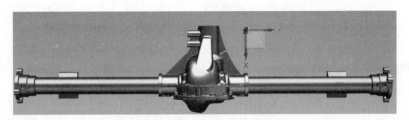

图 3-1 驱动桥桥壳物理模型

检查工具(check elements)对有限元模型进行单元检查,对重点影响模型精度的因素如偏斜度(skew)、单元翘曲度(warpage)、长宽比(aspect)、最大及最小单元尺寸(length)等进行严格控制,修复或重新划分不合格单元,最终完成驱动桥桥壳有限元模型的建立,如图 3-2 所示。最终建立的驱动桥桥壳有限元模型共有 759 158 个单元。

图 3-2 桥壳有限元模型

在进行桥壳的模态求解前,需定义各部件的材料属性,主要包括材料密度、弹性模量及泊松比。所研究驱动桥桥壳各部件的材料类别及根据机械设计手册查询的相应材料属性如表 3-1 所示。

表 3-1 桥壳各组成部件材料属性表

名　　称	材料类别	密度/(kg/m³)	弹性模量/Pa	泊松比
主减速器壳	QT500	7300	1.66E+11	0.29
桥壳后盖	20CrMnMoH	7900	2.06E+11	0.30
半轴套管	20CrMnMoH	7900	2.06E+11	0.30

LMS Virtual.Lab 软件是一个集成的 CAE 软件分析平台,用于机械系统噪声、振动、系统动力学和疲劳的仿真设计以及性能优化等。使用 LMS Virtual.Lab,用户可以快速建立精确的模型并对其真实性能准确地进行仿真,评估各种设计方案,实现在物理样机制造之前优化产品设计。下文将利用 LMS Virtual.Lab 对桥壳的模态进行计算分析,并基于模态针对路噪和发动机噪声评估整个车辆的 NVH 性能。

3. 桥壳模态计算分析

将桥壳有限元模型导入 LMS Virtual.Lab 软件中,在桥壳与左、右车轮连接处以及驱动桥底座与悬架连接处施加全约束。研究发现驱动桥辐射噪声频率主要分布在 2000Hz 内的频段,故对桥壳 2000Hz 内的模态进行计算。桥壳 2000Hz 内的各阶模态频率及模态振型如图 3-3 所示,其模态振型为实际变形的 10 倍放大图。

桥壳 2000Hz 内的各阶模态频率及振型描述见表 3-2。

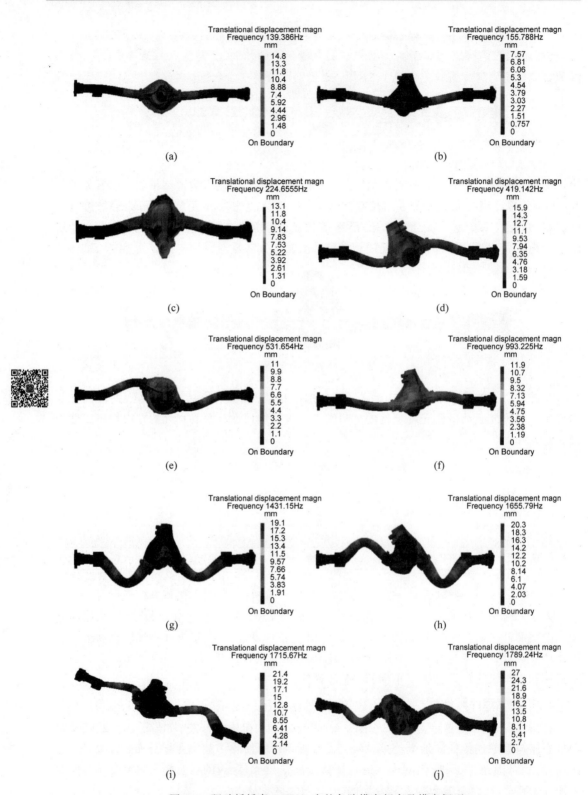

图 3-3　驱动桥桥壳 2000Hz 内的各阶模态频率及模态振型

（a）1 阶模态振型；（b）2 阶模态振型；（c）3 阶模态振型；（d）4 阶模态振型；（e）5 阶模态振型；（f）6 阶模态振型；
（g）7 阶模态振型；（h）8 阶模态振型；（i）9 阶模态振型；（j）10 阶模态振型；（k）11 阶模态振型

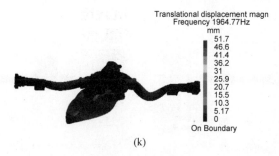

(k)

图 3-3 （续图）

表 3-2 驱动桥桥壳 2000Hz 内各阶模态频率及振型

阶次	频率/Hz	振型	阶次	频率/Hz	振型
1	139	z 向 1 阶弯曲＋绕 y 向扭转	7	1431	两套管 x 向 1 阶同向弯曲
2	155	x 向 1 阶弯曲	8	1655	两套管 x 向 1 阶反向弯曲
3	224	x 向 1 阶弯曲＋绕 y 向扭转	9	1715	两套管 z 向 1 阶同向弯曲
4	419	绕 z 向扭转	10	1789	两套管 z 向 1 阶反向弯曲＋后盖复杂变形
5	531	绕 x 向扭转	11	1964	x 向 2 阶弯曲＋后盖复杂变形
6	993	套管伸缩＋微小扭转			

对桥壳进行模态分析的目的之一就是分析其共振的可能性。在汽车实际运行过程中，驱动桥桥壳所受的外部激励主要来自路面激励及发动机怠速时的 2 阶激励，而这两种激励的频率一般都低于 50Hz，从表 3-2 中可以看出，驱动桥桥壳的 1 阶模态频率为 139Hz，高于上述两个激励的频率，即上述两种激励不会导致桥壳的共振。因此，对驱动桥桥壳进行振动与噪声分析时应该主要考虑来自驱动桥准双曲面齿轮副的激励。

4. 桥壳频率响应分析

根据前述模态分析可知，对驱动桥桥壳进行振动与噪声分析时应主要考虑来自驱动桥准双曲面齿轮副的激励，因此以与桥壳直接相连的主、从动齿轮轴承外圈的振动响应作为激励，对桥壳进行频率响应分析，以获得桥壳表面振动响应。

在 LMS Virtual. Lab 中采用模态叠加法对桥壳进行频响分析时，所加激励可以是振动位移激励、振动加速度激励或者力激励等，考虑驱动桥齿轮系统驱动扭矩波动频率 67Hz 及齿轮啮合频率 332Hz 处的振动响应较大，且当激励频率与桥壳固有频率接近时，即使很小的激励也可能引起桥壳较大的振动，故选取 67Hz、332Hz 及桥壳 2000Hz 内的所有固有频率作为频响分析的激励频率。为保证分析结果的准确性，对驱动桥桥壳施加与模态分析一致的约束及材料属性，然后在主、被动齿轮轴承安装位的中心分别建立四个主节点，采用 RBE2 刚性单元连接各主节点与轴承安装位各节点，将桥壳所受激励施加到各主节点上，对桥壳进行频率响应分析。限于篇幅，此处只列出振动位移幅值较大的两个频率（67Hz、332Hz）、桥壳三个低阶模态频率（139Hz、155Hz、224Hz）以及三个高阶模态频率（1715Hz、1789Hz、1964Hz）处的桥壳振动速度云图，如图 3-4 所示。

由图 3-4 可以看出，不同激励频率下，桥壳最大振动速度分布的位置不同，振动较大的区域在主减速器壳、后盖及半轴套管上都有所分布。当激励频率与桥壳的固有频率不等时，桥壳表现出整体的振动，振幅最大的地方主要集中于刚度较小的驱动桥后盖处。

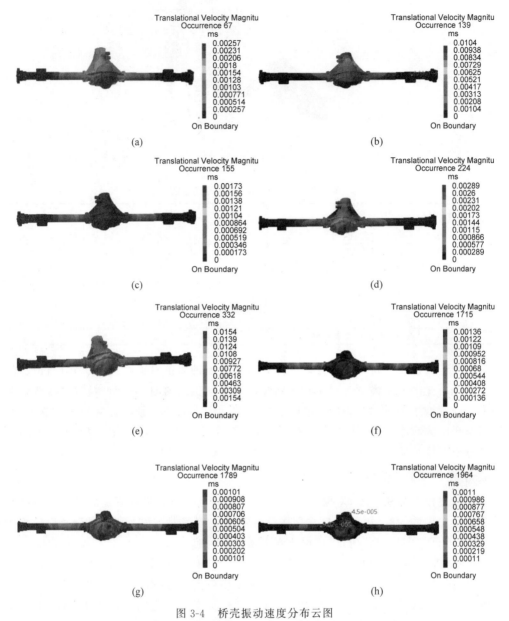

图 3-4　桥壳振动速度分布云图

（a）67Hz 激励下桥壳振动速度；（b）139Hz 激励下桥壳振动速度；（c）155Hz 激励下桥壳振动速度；
（d）224Hz 激励下桥壳振动速度；（e）332Hz 激励下桥壳振动速度；（f）1715Hz 激励下桥壳振动速度；
（g）1789Hz 激励下桥壳振动速度；（h）1964Hz 激励下桥壳振动速度

由图 3-4 还可以看出，在齿轮副的啮合频率 332Hz 处，桥壳表面的振动响应最大，尤其在驱动桥后盖处，说明齿轮啮合冲击产生的动态响应激起了桥壳表面较大的振动。因此，为了减小桥壳表面振动，可以从减小齿轮啮合冲击着手。当激励频率为桥壳模态频率时，其振动响应表现为对应的模态振型，虽然激励幅值较小，但由于存在共振的可能性，在某些模态频率下也导致桥壳产生了较大的振动响应。因此，可以通过改变桥壳结构、材料等参数改变桥壳振动的模态频率，以减小桥壳的振动。

3.1.2 驱动桥桥壳噪声仿真分析

1. 桥壳噪声数值计算理论介绍

驱动桥桥壳辐射噪声为结构振动噪声,而声波的波动方程是求解结构振动噪声的基础。线性声波方程为

$$\nabla^2 p = \frac{1}{c^2}\frac{\partial^2 p}{\partial t^2} \tag{3-6}$$

式中,∇^2 为拉普拉斯算子,在直角坐标系中 $\nabla^2 = \frac{\partial^2}{\partial x^2} + \frac{\partial^2}{\partial y^2} + \frac{\partial^2}{\partial z^2}$;$p$ 为声场中某点处的声压;c 为介质中的声速。

若任意形状的结构表面 S 以圆频率 ω 作简谐振动产生声音,进而向介质空间辐射以频率 ω 波动的声音,空间中某点 R 与结构表面上振动声源 Q 的距离为 r,令 R 点处的声压值 $p = p(r)\mathrm{e}^{i\omega t}$,代入式(3-6)可得

$$\nabla^2 p + k^2 p = 0 \tag{3-7}$$

式中,$k = \omega/c$,为声波数。

为了求得式(3-7)的唯一解,还需要确定满足上述物理方程的边界条件。对于振动结构表面,其上振动声源 Q 处的声压 $p(Q)$ 满足诺伊曼(Neumann)边界条件:

$$\frac{\partial p(Q)}{\partial n} = -i\omega\rho v_n = -ik\rho c v_n \tag{3-8}$$

式中,$\frac{\partial}{\partial n}$ 为振动结构表面在源点 Q 处的外法向导数;ρ 为介质密度;i 为虚数单位;v_n 为振动结构表面上源点 Q 处的法向速度。

此外,在空间无穷远处的声压为 0,为满足索末菲(Sommerfeld)辐射要求:

$$\lim_{r\to\infty} r\left(\frac{\partial p}{\partial r} - ikp\right) = 0 \tag{3-9}$$

采用自由域的格林(Green)函数 $G(Q,R) = \frac{\mathrm{e}^{-ikr}}{r}$,将上述边界条件转化成积分方程,可得到声学亥姆霍兹(Helmholtz)积分方程:

$$C(R)p(R) = \iint\left(G(Q,R)\frac{\partial p(Q)}{\partial n} - \frac{\partial G(Q,R)}{\partial n}p(Q)\right)\mathrm{d}s(Q) \tag{3-10}$$

式中,$C(R)$ 为与声场中 R 点位置相关的常数,当 R 分别处于振动内场、表面及外场时,其值分别为 0、2π 及 4π。

由式(3-10)可以看出,采用振动结构表面上 $\frac{\partial p(Q)}{\partial n}$ 和 $p(Q)$ 的积分函数可确定声场中的任意处的声压。故已知振动结构表面的法向速度后,结合诺伊曼边界条件,根据亥姆霍兹积分方程即可求出声场中任意位置处的声压值。

由于实际工程中的振动声辐射问题的边界几何形状一般比较复杂,因此较难获得亥姆霍兹积分方程的解析解,故对该类问题的求解一般采用各种数值计算方法。目前,常用的数值计算方法有声学有限元法(FEM)和边界元法(BEM)。边界元法又分为直接边界元法和间接边界元法,其中,直接边界元的网格要求必须是封闭的,只能计算边界的内声场或外声

场,而间接边界元的网格可以不封闭。由于边界元法只需对声场边界进行离散,即计算时采用的是面网格,具有计算量小的优点,故本节在 LMS Virtual. Lab 的 Acoustics 模块中,采用边界元法对驱动桥的辐射噪声进行数值仿真分析。

2. 桥壳声学边界元模型的建立

采用边界元法对桥壳进行辐射噪声的数值计算时,声学边界元模型网格为面网格。考虑到桥壳体网格较小,若直接在 LMS Virtual. Lab 中通过桥壳结构网格抽取声学包络面,会导致声学面网格过密,从而使计算量过大,故本节根据桥壳结构的几何表面在 Hypermesh 软件中重新划分桥壳表面网格,且对桥壳进行补面操作以获得封闭的边界元面网格。

声学面网格过大会导致仿真结果误差较大,对于边界元网格而言,其单元的最大长度 L 需满足下式:

$$L \leqslant \frac{c}{6f_{\max}} \tag{3-11}$$

式中,c 为声音在介质中的传播速度;$f_{\max}$ 为声学仿真计算的最高频率。

本书计算的最高频率为 2000Hz,假设空气介质中的声速为 340m/s,代入式(3-11),可得边界元网格的最大单元尺寸为 28.3mm。综合考虑计算成本与计算精度,本书边界元网格取为 10mm。在 Hypermesh 中对桥壳表面进行相关简化处理,如去掉倒角、桥壳与悬架的连接座等,然后进行二维面网格的划分。考虑主减速器壳表面结构较复杂,采用四边形与三角形混合网格对其表面进行划分,套管及后盖采用四边形网格划分,得到驱动桥桥壳声学面网格,如图 3-5 所示。其中,四边形单元个数为 8418,三角形单元个数为 522,单元总数为 8940,节点总数为 8666。

图 3-5   桥壳声学面网格

声学仿真前,将声学面网格导入 LMS Virtual. Lab 中,定义流体属性,对其进行频率计算,验证网格是否合格以及是否满足最高计算频率要求。

3. 桥壳辐射噪声数值计算

当桥壳振动产生的声源向周围介质辐射声波时,介质中有声波存在的区域叫作声场,在 LMS Virtual. Lab 中,一般通过定义不影响声学计算的场点来获得声场中指定位置处的声学信息。为了与驱动桥振动噪声台架实验进行对比分析,根据实验中传声器实际布置位置,分别定义桥壳鼻锥上方 150mm、齿轮啮合中心上方距桥壳表面 150mm、后盖正后方 150mm 三个场点。此外,为了模拟实验时地面对桥壳辐射噪声的反射,在桥壳下方 1500mm 处定义一全反射面。驱动桥场点及全反射面设置见图 3-6。

图 3-6   场点及全反射面设置

定义空气介质的密度及声速后,选取 1~2000Hz 为计算频率范围,对驱动桥输入转速为 2000r/min 时的桥壳外部辐射噪声进行数值求解。频率分别为 67Hz、139Hz、155Hz、224Hz、332Hz、1715Hz、1789Hz、1964Hz 时的桥壳表面及场点声压级如图 3-7 所示。

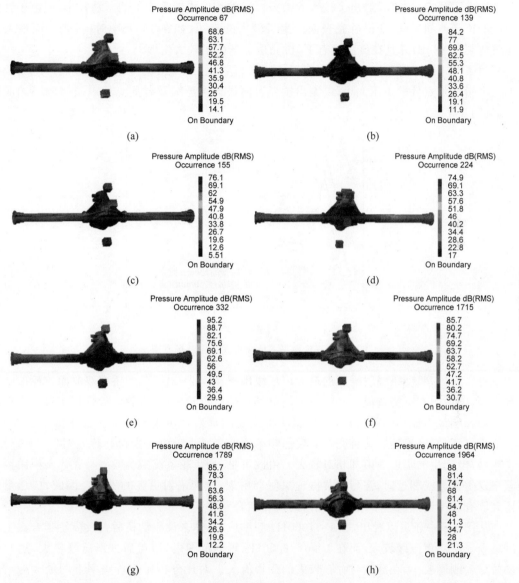

图 3-7　桥壳表面及场点声压级

(a) 67Hz 激励下桥壳辐射声压;(b) 139Hz 激励下桥壳辐射声压;(c) 155Hz 激励下桥壳辐射声压;
(d) 224Hz 激励下桥壳辐射声压;(e) 332Hz 激励下桥壳辐射声压;(f) 1715Hz 激励下桥壳辐射声压;
(g) 1789Hz 激励下桥壳辐射声压;(h) 1964Hz 激励下桥壳辐射声压

从图 3-7(a) 中可以看出,当激励频率为 67Hz 时,驱动桥桥壳表面最大声压为 68.6dB,主要辐射部位为驱动桥后盖及啮合齿轮正上方壳体处,辐射声压级基本为 57.7~68.6dB。从图 3-7(e) 中可以看出,当激励频率为 332Hz 时,桥壳表面辐射声压分布与 67Hz 时类似,但其最大声压为 95.2dB。对比上述两个频率下的桥壳表面振动响应发现,桥壳结构辐射噪声产生的直接原因在于桥壳表面的振动,即对于驱动桥辐射噪声的优化研究可以从减小桥壳表面的动态响应入手。

对于桥壳模态的声压分布,声压辐射较大的区域与对应模态频率下的主振型一致,说明桥壳发生了共振,进而辐射出了较大的噪声。虽然相应模态频率下的激励较小,但由于共振引起的桥壳剧烈振动,使得桥壳表面产生了较大的声压,如在 1964Hz 时,桥壳表面最大声压值达到了 88dB,并且在该阶模态下,桥壳后盖产生了较大变形。

为了对不同激励频率下的桥壳辐射声压进行对比分析,根据桥壳表面最大声压级及外部三个指定测点处的声压大小,绘制出桥壳表面最大声压级及各测点处声压级频率响应曲线,见图 3-8。

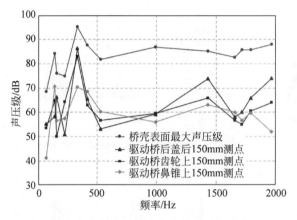

图 3-8　各阶频率下桥壳最大声压及场点声压

可以看出,驱动桥辐射噪声的最大声压级出现在 332Hz,即驱动桥准双曲面齿轮的啮合频率处,这说明在可能造成驱动桥较大辐射噪声的所有频率中,齿轮副啮合频率对桥壳辐射噪声的影响最为显著。同时也表明,驱动桥主要的辐射噪声来自驱动桥齿轮的啮合冲击。但值得注意的是,虽然驱动桥壳在其模态频率处的激励小于主动齿轮旋转频率(66Hz)处所受激励,但产生的辐射噪声却相对较大。由此可见,当齿轮系统啮合频率与壳体某一阶固有频率发生重合或相近时,强烈的共振现象便会出现,继而辐射更高的噪声。因此,应尽量使桥壳固有频率避开汽车常用转速段内的齿轮啮合频率。

从图 3-8 中还可以看出,在 1~1000Hz 频率段,总体来说驱动桥后盖及齿轮啮合点上方区域辐射噪声声压级较大,而在 1000~2000Hz 频率范围内,后盖后方声压级最大,这与驱动桥后盖刚度较小,在高频时存在较大的变形有关。对比分析桥壳各频率下的最大振动速度与表面最大声压级,发现并不是桥壳表面振动速度幅值越大,桥壳表面辐射声压也就越大,这是因为根据式(3-8)发现,桥壳辐射噪声实质属于加速度噪声,其表面声压不仅取决于该频率下结构振动速度,还与该频率值相关。

由于驱动桥在实际工作过程中,桥壳外部辐射噪声还包括透射噪声,故为了更深入地研究桥壳的振动噪声性能,须对驱动桥透射噪声进行相关分析研究。

4. 桥壳投射噪声及其数值仿真

驱动桥的隔声性能是结构的固有属性,与桥壳形状、厚度、材料属性及安装状态密切相关,故在对驱动桥的透射噪声及隔声性能进行分析前,需要导入桥壳的约束模态并定义驱动桥声学边界元网格与桥壳结构网格之间的耦合关系。将具有模态信息的结构网格及划分好的声学边界元面网格导入 LMS Virtual. Lab 的 Acoustics 模块中,对声学网格进行前处理及定义流体介质的材料和属性后,通过插值映射的方法建立结构模态与边界元网格的耦合关系,并在齿轮啮合处定义一个单极点声源模拟驱动桥准双曲面齿轮啮合噪声。

由于工程上常采用噪声通过结构前后的声能比或声压值(dB)之差来衡量其隔声性能的好坏,故在桥壳内部及鼻锥正上方 150mm 处、驱动桥齿轮啮合点正上方 150mm 处、后盖正后方 150mm 处分别定义 4 个场点计算桥壳内、外特定声场处的声压。此外,为观察桥壳外部声场的整体声压,以齿轮啮合点为中心,建立半径为 1000mm 的球场点。驱动桥耦合边界元模型及场点布置见图 3-9。

图 3-9 驱动桥耦合边界元模型及场点布置

设置驱动桥透射噪声计算频率范围为 1～2000Hz,对桥壳进行声学响应计算,得到桥壳内、外场点处的声压值。频率为 1Hz 时的桥壳内、外声压分布如图 3-10 所示。

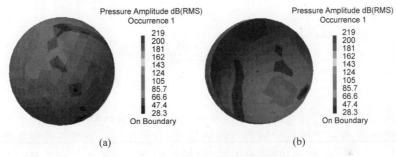

(a)   (b)

图 3-10 1Hz 时桥壳内、外场点声压值

(a) 桥壳内声压值;(b) 桥壳外声压值

1Hz 频率下,桥壳外部各处声压值均小于桥壳内部声压值,说明声源透过桥壳辐射到壳外的透射噪声较小,即桥壳在该频率下具有较好的隔声性能。为了对桥壳的隔声性能进行更直观的评价,模拟桥壳外部及内部 4 个场点的声压响应曲线,如图 3-11 所示。

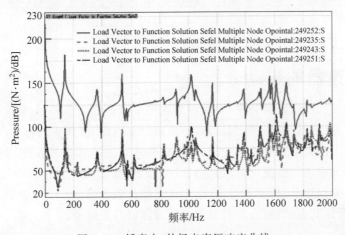

图 3-11 桥壳内、外场点声压响应曲线

次级辐射噪声的存在导致桥壳内部场点声压值存在波动,且各频率下,桥壳内部声压值都大于外部三个场点处的声压值,充分说明桥壳在各频率下都能在一定程度上隔绝桥壳内部齿轮、轴承等振动产生的噪声。通过桥壳的隔声量曲线可以看出,大多数频率下,桥壳的隔声量基本都在 40dB 以上,仅在 1600Hz 以上频率段驱动桥桥壳隔声量较小。

将图 3-11 中所示数据导出,在 MATLAB 中将各频率下内、外场点处的声压值相减,得到桥壳外部三个场点处隔声量曲线,如图 3-12 所示。

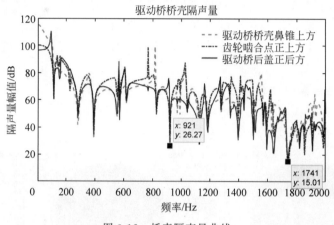

图 3-12　桥壳隔声量曲线

可以看出,在靠近桥壳各阶模态频率附近,隔声量曲线存在较多的隔声波谷,尤其在 1741Hz 处,桥壳外部三个场点的隔声量降到最低,只为 15dB,查看桥壳模态数据,发现该处刚好处于桥壳第 10 阶与 11 阶模态附近,说明该频率下的声音易激发桥壳模态,引起桥壳隔声量急剧降低。值得说明的是,波谷对应的频率靠近桥壳固有模态但仍有少许的差别,这是因为考虑了声音与桥壳振动的耦合作用,导致实际驱动桥系统的模态与桥壳模态计算值有所不同。

上述分析表明,不同激励频率下,桥壳的透射噪声值与隔声性能是不同的。在 1~1600Hz 激励频率内,驱动桥整体隔声性能较好,驱动桥噪声主要为桥壳结构辐射噪声,但在高频段驱动桥隔声性能较差。

3.2　主减速器的振动分析

在汽车传动系统的振动研究中,驱动桥总成中主减速器齿轮啮合激励是导致传动系统振动的一个主要原因。螺旋锥齿轮具有重合度高、主动齿轮齿数少的特点,使得采用螺旋锥齿轮可以获得较大的传动比和紧凑的结构,所以在汽车主减速器齿轮中应用较多。但螺旋锥齿轮在运行过程中啮合刚度变化以及啮合误差的存在会使主减速器齿轮产生啮合激励,该激励同时会传递到轴承、传动轴等部件,形成系统的耦合振动。所以分析主减速器振动噪声的产生机理,研究其振动特性,将有利于主减速器的减振降噪。

3.2.1 主减速器振动的产生机理

主减速器齿轮啮合过程可以等效为包含力—位移—刚度—阻尼的一维弹性系统,与其他一般机械系统相比,主减速器齿轮啮合还存在内部激励,齿轮时变啮合刚度、啮合误差以及齿侧间隙等因素会引起啮合过程中轮齿啮合力的变化,这种啮合力的动态变化反过来将很大程度上影响齿轮系统的啮合特性[20]。因此,在分析主减速器振动特性时,一般分析齿轮啮合过程中啮合刚度、啮合误差及齿侧间隙等内部激励对齿轮系统的影响。

1. 时变啮合刚度激励

对螺旋锥齿轮副来说,在设计中会适量增加齿轮的重合度以提高齿轮啮合过程中的平稳性,所以在运行过程中会有多对轮齿同时参与啮合,由此导致不同时刻参与啮合的轮齿对数发生变化,因而齿轮的啮合刚度也会呈现随时间变化的周期性变化。而啮合刚度的时变性会使齿轮产生动态啮合力并对齿轮传动系统产生影响。研究齿轮的时变啮合刚度,首先要对齿轮的啮合过程进行分析。齿轮啮合过程如图 3-13 所示。

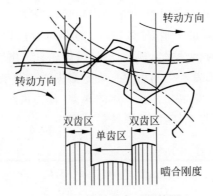

图 3-13 齿轮啮合过程简图

齿轮啮合过程中,单齿与双齿啮合交替出现,单齿啮合时,轮齿载荷较大,产生的形变量较大,齿轮啮合刚度较小,单齿啮合刚度即为轮齿综合啮合刚度;在双齿啮合区间时,轮齿形变量较小,齿轮啮合刚度较大。而且曲线中的综合刚度是两对轮齿等效刚度的叠加,倘若齿轮重合度较小,刚度就会出现阶跃性突变,如图 3-14(a)所示。然而准双曲面齿轮由于具有较大的重合度,所以整体啮合刚度变化趋势将会更加平稳,并具有明显的周期性,如图 3-14(b)所示。

如图 3-14 所示为螺旋锥齿轮综合啮合刚度曲线,其刚度由多对轮齿交替啮合叠加而成,变化规律类似于余弦曲线,其中齿轮啮合频率是啮合刚度波动的频率,利用傅里叶级数对啮合刚度变化规律进行描述。在计算中将啮合刚度分为平均啮合刚度值和波动刚度值两部分,其表达式为

$$k_m(t) = k_m + \sum_{i=1}^{N} A_{ki} \cos(i\omega_n t + \varphi_k) \tag{3-12}$$

式中,k_m 为平均啮合刚度;A_{ki} 为动态啮合刚度第 i 阶波动幅值;ω_n 为齿轮副啮合频率;φ_k 为齿轮副时变啮合刚度初始相位。

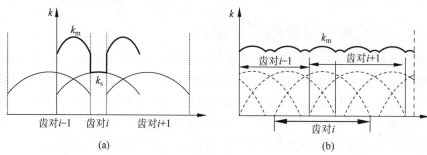

图 3-14 齿轮综合啮合刚度示意图

（a）重合度较小时；（b）重合度较大时

k_s 为单个齿轮刚度；k_m 为平均啮合刚度

2. 啮合误差激励

齿轮啮合误差的存在改变了齿轮的正确啮合方式，对其产生一种类似于位移形式的激励。同时，这种偏离具有时变性，改变了齿轮的瞬时啮合传动比，使轮齿间产生冲击和碰撞，最终导致齿轮系统的振动。这种位移激励是由齿轮啮合误差引起的，因此被称为误差激励。

如图 3-15 所示，齿形误差的出现，导致轮齿在实际啮合过程中接触线发生改变，轮齿间的啮合接触力产生变化，瞬时传动比出现波动，导致齿轮系统出现动态振动。由于齿轮传动具有周期性，因此这种齿形偏差产生的齿轮系统自激振动也具有周期性。主被动齿轮在装配过程中，中心位置与设计位置也会存在一定的误差，称为齿距误差，这种误差也会导致实际啮合线与理想啮合线的偏移，引起齿轮系统的冲击振动。在计算中用傅里叶级数对啮合误差变化规律进行描述[21]：

$$e(t) = e_m + \sum_{i=1}^{N} A_{ei} \cos(i\omega_n t + \varphi_e) \tag{3-13}$$

式中，$e(t)$ 为综合传递误差；e_m 为平均静态传递误差；A_{ei} 为齿轮啮合法向第 i 阶静态传动误差谐波分量幅值；ω_n 为齿轮啮合频率；φ_e 为齿轮第 i 阶静态传递误差谐波初相位。

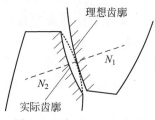

图 3-15 齿形误差示意图

3. 齿侧间隙

在齿轮的设计、安装过程中，为保证齿轮润滑，避免齿轮出现卡死现象，在齿廓间会留有一定间隙，称为齿侧间隙。但它的存在会使得齿轮动态啮合过程中啮合力随法向位移发生非线性变化，降低了齿轮运转的平稳性。在研究中将其表示为一个分段函数：

$$f(x_n) = \begin{cases} x_n - b, & x_n > b \\ 0, & -b \leqslant x_n \leqslant b \\ x_n + b, & x_n < -b \end{cases} \tag{3-14}$$

式中，x_n 为轮齿啮合点的法向相对位移；b 为啮合间隙的一半。

3.2.2 主减速器齿轮受力分析

螺旋锥齿轮在啮合过程中，齿面会产生垂直于齿面的啮合力，而在多种激励的影响下，齿轮的啮合力是动态变化的。研究中将其简化为一个集中载荷，取齿宽中点作为参考点进行分析，并以该点的参数作为分析参数。

在进行受力分析时，齿面的接触力用 F_n 表示，并参照建立的车辆坐标系，将接触力进行分解，分别为轴向力 F_a、圆周力 F_t 和垂直于齿面的径向力 F_r。其受力分析如图 3-16 所示，其中 α_n 为主动齿轮平均压力角，β_m 为主动齿轮中点螺旋角，δ_1 为主动齿轮节锥角。

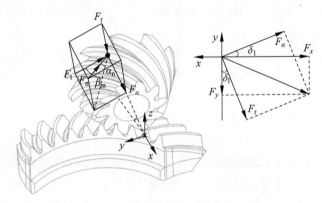

图 3-16 螺旋锥齿轮受力分析图

齿轮在啮合过程中产生垂直于齿面的接触力，这种接触力也是随时间而变化的，其计算方程可表示为

$$F_n = k_m(t)f(x_n) + c_m \dot{x}_n \tag{3-15}$$

式中，$k_m(t)$ 为螺旋锥齿轮时变啮合刚度函数；c_m 为螺旋锥齿轮平均啮合阻尼；x_n 为齿轮啮合点处法向相对位移；$\dot{x}_n$ 为齿轮啮合点处法向相对速度；$f(x_n)$ 为螺旋锥齿轮齿侧间隙函数[22]。相关参数的计算将在下文作具体介绍。

由图 3-16 的受力分析，F_n 的三向分力可分别表示为

$$\begin{cases} F_a = F_n \cos\alpha_n \sin\beta_m \\ F_t = F_n \cos\alpha_n \cos\beta_m \\ F_r = F_n \sin\alpha_n \end{cases} \tag{3-16}$$

将得到的三向分力在建立的坐标系内进行分解，得到三个坐标轴上的分力：

$$\begin{cases} F_x = F_a \cos\delta_1 + F_r \sin\delta_1 \\ F_y = -F_a \sin\delta_1 + F_r \cos\delta_1 \\ F_z = F_t \end{cases} \tag{3-17}$$

将式(3-16)代入式(3-17)可以得到主动齿轮轴向、径向及切向啮合力：

$$\begin{cases} F_x = F_n \cos\alpha_n \sin\beta_m \cos\delta_1 + F_n \sin\alpha_n \sin\delta_1 \\ F_y = -F_n \cos\alpha_n \sin\beta_m \sin\delta_1 + F_n \sin\alpha_n \cos\delta_1 \\ F_z = F_n \cos\alpha_n \cos\beta_m \end{cases} \tag{3-18}$$

采用相同的分析方法,可以计算得到被动齿轮在各坐标轴上分力的计算公式,在此不再具体叙述。

3.2.3　主减速器振动模型的建立

在传动系统中,主减速器总成主要由螺旋锥齿轮(小齿轮为齿轮轴)、减速器壳体和圆锥滚子轴承按照一定的关系装配组成。而在齿轮啮合过程中,考虑到齿轮形状因素,轮齿间产生的动态啮合力和齿轮轴线不重合,会有附加力矩产生,这些因素将引起齿轮轴和轴承的多种形式的振动,同时齿轮轴和传动轴相连接,也将受到发动机波动力矩的影响,导致螺旋锥齿轮系统的振动情况更加复杂。为研究螺旋锥齿轮的这种耦合振动,本书针对主减速器总成建立了数学模型进行研究。为便于主减速器齿轮动力学理论模型的建立,在建模时作如下假设:

(1) 不考虑准双曲面齿轮及转轴的不平衡质量,假设其为质量均匀分布模型;

(2) 准双曲面齿轮采用集中质量和集中转动惯量模拟,用分段非线性时变弹簧力和阻尼力模拟轮齿啮合力;

(3) 差速器总成的质量和转动惯量假设可集中到被动齿轮上;

(4) 齿轮轴假设为刚性,且忽略齿轮轴沿自身轴线扭转时的轴承扭转刚度及阻尼。

主减速器主、被动齿轮的装配模型如图 3-17 所示,主动齿轮和被动齿轮的轴线并非在同一平面上,存在一个偏置距离。由于齿轮的啮合点与两齿轮的几何中心不重合,因此,使用集中质量法进行建模时,在将主、被动齿轮看作质点的同时还有必要考虑齿轮副的空间几何形状。为了方便后续分析计算的说明,主动齿轮轴上安装的轴承远离主动齿轮的轴承称为主动齿轮轴承1,靠近主动齿轮的轴承称为主动齿轮轴承2;被动齿轮轴上安装的轴承与被动齿轮在同一侧的称为被动齿轮轴承1,与主动齿轮在同一侧的称为被动齿轮轴承2。

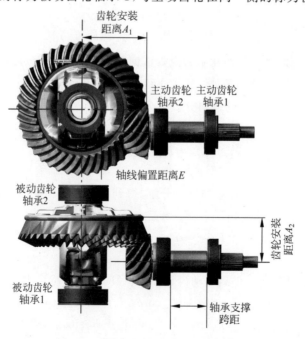

图 3-17　主减速器主、被动齿轮装配图

由 3.2.2 节的受力分析可知,主、被动齿轮在啮合分力的作用下,将受到沿坐标轴方向的三个分力作用,同时由于受力点和齿轮的轴线不重合,还会附加产生一个转动力矩和两个摆动力矩,齿轮系统在这些力和力矩的共同作用下产生 12 自由度的振动位移响应。在这些振动的共同作用下齿轮啮合点的法向相对位移的大小会不断变化。为了研究这种运动叠加效应对传动系统振动响应的影响,建立主减速器的 12 自由度模型,如图 3-18 所示。

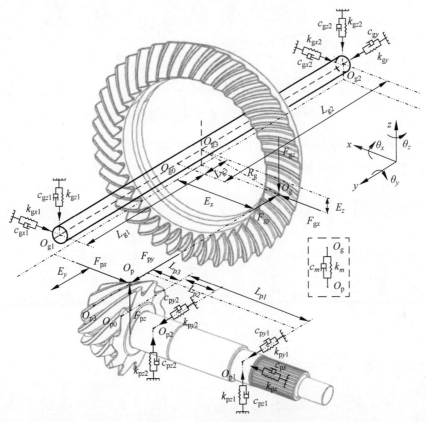

图 3-18 主减速器振动模型

在模型建立过程中,将模型中齿轮及齿轮轴采用质量和惯量进行等效,轴承用弹簧及阻尼来替代。在此对图 3-18 中的各参数进行说明。主、被动齿轮简化成质点,质心分布在实际的质心位置,如图中 O_{p0} 和 O_{g0} 所示,下标中 p 与 g 分别代表主动齿轮与被动齿轮,下标 1、2 代表轴承编号(见图 3-17);O_{p1} 和 O_{p2} 分别为主动齿轮轴承的支撑点位置,距离其质心的距离分别为 L_{p1} 和 L_{p2};O_{g1} 和 O_{g2} 分别为被动齿轮轴承的支撑点位置,距离其质心的距离分别为 L_{g1} 和 L_{g2};O_{p3} 和 O_{g3} 分别为啮合点在主、被动齿轮轴线上的位置,其到各自质心的距离分别为 L_{p3} 和 L_{g3};被动齿轮啮合点与质心在 x 轴方向上的距离为 E_x,主动齿轮啮合点与质心在 y 轴方向上的距离为 E_y,齿轮安装中轴线偏置距离为 E_z。k 为等效刚度,c 为等效阻尼。在完整的模型中,12 自由度包括:

平面振动:主齿轮沿坐标轴的平动(x_{px},x_{py},x_{pz}),被动齿轮沿坐标轴的平动(x_{gx},x_{gy},x_{gz})。

扭转振动：主动齿轮绕 x 轴的转动 θ_{px}（即 θ_{14}），被动齿轮绕 y 轴的转动 θ_{gy}（即 θ_{15}）。

扭摆振动：主动齿轮沿 y、z 方向的摆动（θ_{py}，θ_{pz}），被动齿轮沿 x、z 方向的摆动（θ_{gx}，θ_{gz}）。

在实际运动过程中，这些自由度使齿轮系统形成多个振动形式，同时这些振动形式也是相互联系的，一种振动变化会导致其他振动也发生变化。下面以 xOy 平面的振动为例进行分析，其位移变化如图 3-19 所示。

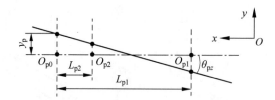

图 3-19　刚性齿轮轴 xOy 平面运动规律

考虑轴承的刚度和阻尼，主动齿轮受到 y 方向的啮合力 F_{py}，会使齿轮发生 y 方向的平面位移 x_{py} 和绕 z 轴方向的摆动位移 θ_{pz}，因此两轴承处的振动位移可表示为

$$\begin{cases} x_{py1} = x_{py} - l_{p1}\tan\theta_{pz} \\ x_{py2} = x_{py} - l_{p2}\tan\theta_{pz} \end{cases} \tag{3-19}$$

对式（3-19）求导，得到振动速度：

$$\begin{cases} \dot{x}_{py1} = \dot{x}_{py} - l_{p1}\dfrac{\dot{\theta}_{pz}}{\cos^2\theta_{pz}} \\ \dot{x}_{py2} = \dot{x}_{py} - l_{p2}\dfrac{\dot{\theta}_{pz}}{\cos^2\theta_{pz}} \end{cases} \tag{3-20}$$

因此，主动锥齿轮沿 y 轴方向的平面振动动力学微分方程可表示为

$$m_p\ddot{x}_{py} + k_{py1}(x_{py} - l_{p1}\tan\theta_{pz}) + c_{py1}\left(\dot{x}_{py} - l_{p1}\dfrac{\dot{\theta}_{pz}}{\cos^2\theta_{pz}}\right) +$$

$$k_{py2}(x_{py} - l_{p2}\tan\theta_{pz}) + c_{py2}\left(\dot{x}_{py} - l_{p2}\dfrac{\dot{\theta}_{pz}}{\cos^2\theta_{pz}}\right) = F_{py} \tag{3-21}$$

主动锥齿轮绕 z 轴方向的扭摆振动的动力学微分方程可表示为

$$J_{pz}\ddot{\theta}_{pz} - l_{p1}k_{py1}(x_{py} - l_{p1}\tan\theta_{pz}) - l_{p1}c_{py1}\left(\dot{x}_{py} - l_{p1}\dfrac{\dot{\theta}_{pz}}{\cos^2\theta_{pz}}\right) -$$

$$l_{p2}k_{py2}(x_{py} - l_{p2}\tan\theta_{pz}) - l_{p2}c_{py2}\left(\dot{x}_{py} - l_{p2}\dfrac{\dot{\theta}_{pz}}{\cos^2\theta_{pz}}\right) = -F_{px}E_y + F_{py}l_{p3} \tag{3-22}$$

采用同样的分析方法，对主动齿轮在 xOy 和 yOz 两个平面以及被动齿轮在三个平面的运动进行分析，便可以得到主减速器的 12 自由度振动微分方程：

$$
\left\{
\begin{aligned}
& m_{\mathrm{p}}\ddot{x}_{\mathrm{p}x} + k_{\mathrm{p}x}x_{\mathrm{p}x} + c_{\mathrm{p}x}\dot{x}_{\mathrm{p}x} = -F_{\mathrm{p}x} \\
& m_{\mathrm{p}}\ddot{x}_{\mathrm{p}y} + k_{\mathrm{p}y1}(x_{\mathrm{p}y} - l_{\mathrm{p}1}\tan\theta_{\mathrm{p}z}) + c_{\mathrm{p}y1}\left(\dot{x}_{\mathrm{p}y} - l_{\mathrm{p}1}\frac{\dot{\theta}_{\mathrm{p}z}}{\cos^2\theta_{\mathrm{p}z}}\right) + \\
& k_{\mathrm{p}y2}(x_{\mathrm{p}y} - l_{\mathrm{p}2}\tan\theta_{\mathrm{p}z}) + c_{\mathrm{p}y2}\left(\dot{x}_{\mathrm{p}y} - l_{\mathrm{p}2}\frac{\dot{\theta}_{\mathrm{p}z}}{\cos^2\theta_{\mathrm{p}z}}\right) = F_{\mathrm{p}y} \\
& m_{\mathrm{p}}\ddot{x}_{\mathrm{p}z} + k_{\mathrm{p}z1}(x_{\mathrm{p}z} - l_{\mathrm{p}1}\tan\theta_{\mathrm{p}y}) + c_{\mathrm{p}z1}\left(\dot{x}_{\mathrm{p}z} - l_{\mathrm{p}1}\frac{\dot{\theta}_{\mathrm{p}y}}{\cos^2\theta_{\mathrm{p}y}}\right) + \\
& k_{\mathrm{p}z2}(x_{\mathrm{p}z} - l_{\mathrm{p}2}\tan\theta_{\mathrm{p}y}) + c_{\mathrm{p}z2}\left(\dot{x}_{\mathrm{p}z} - l_{\mathrm{p}2}\frac{\dot{\theta}_{\mathrm{p}y}}{\cos^2\theta_{\mathrm{p}y}}\right) = F_{\mathrm{p}z} \\
& J_{\mathrm{p}y}\ddot{\theta}_{\mathrm{p}y} - l_{\mathrm{p}1}k_{\mathrm{p}z1}(x_{\mathrm{p}z} - l_{\mathrm{p}1}\tan\theta_{\mathrm{p}y}) - l_{\mathrm{p}1}c_{\mathrm{p}z1}\left(\dot{x}_{\mathrm{p}z} - l_{\mathrm{p}1}\frac{\dot{\theta}_{\mathrm{p}y}}{\cos^2\theta_{\mathrm{p}y}}\right) - \\
& l_{\mathrm{p}2}k_{\mathrm{p}z2}(x_{\mathrm{p}z} - l_{\mathrm{p}2}\tan\theta_{\mathrm{p}y}) - l_{\mathrm{p}2}c_{\mathrm{p}z2}\left(\dot{x}_{\mathrm{p}z} - l_{\mathrm{p}2}\frac{\dot{\theta}_{\mathrm{p}y}}{\cos^2\theta_{\mathrm{p}y}}\right) = F_{\mathrm{p}z}l_{\mathrm{p}3} \\
& J_{\mathrm{p}z}\ddot{\theta}_{\mathrm{p}z} - l_{\mathrm{p}1}k_{\mathrm{p}y1}(x_{\mathrm{p}y} - l_{\mathrm{p}1}\tan\theta_{\mathrm{p}z}) - l_{\mathrm{p}1}c_{\mathrm{p}y1}\left(\dot{x}_{\mathrm{p}y} - l_{\mathrm{p}1}\frac{\dot{\theta}_{\mathrm{p}z}}{\cos^2\theta_{\mathrm{p}z}}\right) - \\
& l_{\mathrm{p}2}k_{\mathrm{p}y2}(x_{\mathrm{p}y} - l_{\mathrm{p}2}\tan\theta_{\mathrm{p}z}) - l_{\mathrm{p}2}c_{\mathrm{p}y2}\left(\dot{x}_{\mathrm{p}y} - l_{\mathrm{p}2}\frac{\dot{\theta}_{\mathrm{p}z}}{\cos^2\theta_{\mathrm{p}z}}\right) = -F_{\mathrm{p}x}E_y + F_{\mathrm{p}y}l_{\mathrm{p}3} \\
& J_{14}\ddot{\theta}_{14} + c_{10}(\dot{\theta}_{14} - \dot{\theta}_{13}) + k_{10}(\theta_{14} - \theta_{13}) = -F_{\mathrm{p}z}E_y/i_1 \\
& m_{\mathrm{g}}\ddot{x}_{\mathrm{g}x} + k_{\mathrm{g}x1}(x_{\mathrm{g}x} - l_{\mathrm{g}1}\tan\theta_{\mathrm{g}z}) + c_{\mathrm{g}x1}\left(\dot{x}_{\mathrm{g}x} - l_{\mathrm{g}1}\frac{\dot{\theta}_{\mathrm{g}z}}{\cos^2\theta_{\mathrm{g}z}}\right) + \\
& k_{\mathrm{g}x2}(x_{\mathrm{g}x} + l_{\mathrm{g}2}\tan\theta_{\mathrm{g}z}) + c_{\mathrm{g}x2}\left(\dot{x}_{\mathrm{g}x} + l_{\mathrm{g}2}\frac{\dot{\theta}_{\mathrm{g}z}}{\cos^2\theta_{\mathrm{g}z}}\right) = F_{\mathrm{g}x} \\
& m_{\mathrm{g}}\ddot{x}_{\mathrm{g}y} + k_{\mathrm{g}y}x_{\mathrm{g}y} + c_{\mathrm{g}y}\dot{x}_{\mathrm{g}y} = -F_{\mathrm{g}y} \\
& m_{\mathrm{g}}\ddot{x}_{\mathrm{g}z} + k_{\mathrm{g}z1}(x_{\mathrm{g}z} + l_{\mathrm{g}1}\tan\theta_{\mathrm{g}x}) + c_{\mathrm{g}z1}\left(\dot{x}_{\mathrm{g}z} + l_{\mathrm{g}1}\frac{\dot{\theta}_{\mathrm{g}x}}{\cos^2\theta_{\mathrm{g}x}}\right) + \\
& k_{\mathrm{g}z2}(x_{\mathrm{g}z} - l_{\mathrm{g}2}\tan\theta_{\mathrm{g}x}) + c_{\mathrm{g}z2}\left(\dot{x}_{\mathrm{g}z} - l_{\mathrm{g}2}\frac{\dot{\theta}_{\mathrm{g}x}}{\cos^2\theta_{\mathrm{g}x}}\right) = -F_{\mathrm{g}z} \\
& J_{\mathrm{g}x}\ddot{\theta}_{\mathrm{g}x} + l_{\mathrm{g}1}k_{\mathrm{g}z1}(x_{\mathrm{g}z} + l_{\mathrm{g}1}\tan\theta_{\mathrm{g}x}) + l_{\mathrm{g}1}c_{\mathrm{g}z1}\left(\dot{x}_{\mathrm{g}z} + l_{\mathrm{g}1}\frac{\dot{\theta}_{\mathrm{g}x}}{\cos^2\theta_{\mathrm{g}x}}\right) - \\
& l_{\mathrm{g}2}k_{\mathrm{g}z2}(x_{\mathrm{g}z} - l_{\mathrm{g}2}\tan\theta_{\mathrm{g}x}) + l_{\mathrm{g}2}c_{\mathrm{g}z2}\left(\dot{x}_{\mathrm{g}z} - l_{\mathrm{g}2}\frac{\dot{\theta}_{\mathrm{g}x}}{\cos^2\theta_{\mathrm{g}x}}\right) = F_{\mathrm{g}z}l_{\mathrm{g}3} - F_{\mathrm{g}y}E_z \\
& J_{\mathrm{g}z}\ddot{\theta}_{\mathrm{g}z} - l_{\mathrm{g}1}k_{\mathrm{g}x1}(x_{\mathrm{g}x} - l_{\mathrm{g}1}\tan\theta_{\mathrm{g}z}) - l_{\mathrm{g}1}c_{\mathrm{g}x1}\left(\dot{x}_{\mathrm{g}x} - l_{\mathrm{g}1}\frac{\dot{\theta}_{\mathrm{g}z}}{\cos^2\theta_{\mathrm{g}z}}\right) + \\
& l_{\mathrm{g}2}k_{\mathrm{g}x2}(x_{\mathrm{g}x} + l_{\mathrm{g}2}\tan\theta_{\mathrm{g}z}) + l_{\mathrm{g}2}c_{\mathrm{g}x2}\left(\dot{x}_{\mathrm{g}x} + l_{\mathrm{g}2}\frac{\dot{\theta}_{\mathrm{g}z}}{\cos^2\theta_{\mathrm{g}z}}\right) = F_{\mathrm{g}x}l_{\mathrm{g}3} + F_{\mathrm{g}y}E_x \\
& J_{15}\ddot{\theta}_{15} + c_{11}(\dot{\theta}_{15} - \dot{\theta}_{16}) + k_{11}(\theta_{15} - \theta_{16}) + c_{12}(\dot{\theta}_{15} - \dot{\theta}_{17}) + k_{12}(\theta_{15} - \theta_{17}) \\
& = (F_{\mathrm{g}z}E_x + F_{\mathrm{g}x}E_z)/i_1 i_2
\end{aligned}
\right.
\tag{3-23}
$$

　　主减速器的 12 自由度模型表明齿轮系统有多个振动形式,而且这些振动形式互相影响,造成齿轮系统的耦合振动,并对整个传动系统的振动产生影响。这种相互联系,主要是因为齿轮的动态啮合力函数 F_n 中包含了变量 x_n,而 12 个自由度的振动响应都影响齿轮啮合方向的位移 x_n,其表达式为

$$x_n = \left[(x_{px} + E_y\theta_{pz}) - (x_{gx} + E_z\theta_{gy} + l_{g3}\theta_{gz}) \right] (\cos\alpha_n \sin\beta_m \cos\delta_1 + \sin\alpha_n \sin\delta_1) +$$
$$\left[(x_{py} + l_{p3}\theta_{pz}) - (x_{gy} + E_z\theta_{gx} - E_x\theta_{gz}) \right] (-\cos\alpha_n \sin\beta_m \sin\delta_1 + \sin\alpha_n \cos\delta_1) +$$
$$\left[(x_{pz} - R_p\theta_{px} + l_{p3}\theta_{py}) - (x_{gz} - l_{g3}\theta_{gx} - R_g\theta_{gy}) \right] (\cos\alpha_n \cos\beta_m) - e(t)$$

$$(3\text{-}24)$$

　　由式(3-24)可以发现,x_n 的大小和啮合力的大小相关,而啮合力反过来也影响 x_n 中的振动分量,因此齿轮系统的各个振动分量互相影响产生耦合效应。

　　在建立模型过程中用到轴承的支撑刚度和阻尼,而在齿轮系统的激励分析中用到齿轮的平均啮合刚度和阻尼,下面介绍这些参数的计算方法。齿轮的平均啮合刚度可以通过近似解析法进行计算,首先计算齿轮柔度最小值:

$$q' = 0.047\ 23 + \frac{0.155\ 51}{Z_p} + \frac{0.257\ 91}{Z_g} - 0.006\ 35\kappa_1 - 0.116\ 54\frac{\kappa_1}{Z_p} -$$
$$0.001\ 93\kappa_2 - 0.241\ 88\frac{\kappa_2}{Z_g} + 0.005\ 29\kappa_1^2 + 0.001\ 82\kappa_2^2$$

$$(3\text{-}25)$$

式中,Z_p 和 Z_g 分别为主、被动齿轮的当量齿数;κ_1 和 κ_2 分别为主、被动齿轮的变位系数。由此,单齿的啮合刚度的计算公式为

$$k_{th} = \frac{1}{q'} \tag{3-26}$$

单齿啮合的修正刚度为

$$k' = k_{th}K_M K_R K_B \cos\beta \tag{3-27}$$

式中,K_M 为理论修正系数;K_R 为轮坯结构系数;β 为螺旋角;K_B 为基本齿廓系数,其表达式可表示为

$$K_B = [1 + 0.5(1.2 - h_{fp}/m_n)] \times [1 - 0.02(20 - \alpha_n)] \tag{3-28}$$

式中,h_{fp} 为齿根高;m_n 为法向模数;α_n 为法向压力角。由此计算得到齿轮平均啮合刚度:

$$k_m = (0.75\varepsilon_a + 0.25)k' \tag{3-29}$$

式中,ε_a 为齿轮端面重合度。

　　齿轮的等效阻尼可以计算得[23]

$$c_m = 2\xi\sqrt{\frac{k_m R_p^2 R_g^2 I_p I_g}{R_p^2 I_p + R_g^2 I_g}} \tag{3-30}$$

式中,ξ 为阻尼比;k_m 为平均啮合刚度;I_p 和 I_g 分别为主、被动齿轮等效惯量;R_p 和 R_g 分别为啮合处的主、被动齿轮半径。

　　对于轴承等效刚度,根据实验台中实际使用的轴承型号,采用经验公式计算圆锥滚子轴承轴向及径向刚度[24]:

$$\begin{cases} k_r = 7.253 l_1^{0.8} Z^{0.9} \dfrac{\cos^2\alpha_n F_{a0}^{0.1}}{\sin^{0.1}\alpha_n} \\ k_a = 29.011 l_1^{0.8} Z^{0.9} \sin^{1.9}\alpha_n F_{a0}^{0.1} \end{cases} \tag{3-31}$$

式中,k_a 为圆锥滚子轴承轴向刚度,N/mm;k_r 为圆锥滚子轴承径向刚度,N/mm;l_1 为圆锥滚子轴承有效接触长度,mm;α_n 为接触角,(°);Z 为滚子数目;F_{a0} 为轴向预紧力,N。

研究中主、被动齿轮的结构参数以及圆锥滚子轴承的安装参数如表 3-3 所示。

表 3-3 齿轮和轴承结构参数

参 数	主 动 齿 轮	被 动 齿 轮
齿数	10	41
中点螺旋角 β_m/(°)	50	27.13
平均压力角 α_n/(°)	20	
节锥角/(°)	$\delta_1 = 23.12$	$\delta_2 = 65.14$
齿宽/mm	$b_1 = 40.66$	$b_2 = 34.52$
偏置距 E/mm	38	
啮合半径/mm	$R_p = 40$	$R_g = 108$
齿侧间隙 $2b$/mm	0.1536	
主动齿轮参考啮合点到 xOz 面的距离 E_y/mm	40	
被动齿轮参考啮合点到 yOz 面的距离 E_x/mm	101	
啮合点投影到质心的距离/mm	$l_{p3} = 10$	$l_{g3} = 5$
近齿轴承中心到齿轮质心的距离/mm	$l_{p2} = 17.5$	$l_{g2} = 90$
远齿轴承中心到齿轮质心的距离/mm	$l_{p1} = 100$	$l_{g1} = 93$
等效惯量/(kg·m²)	$J_{px} = J_{14}$	$J_{gx} = 0.050\ 315$
	$J_{py} = 0.002\ 982$	$J_{gy} = J_{15}$
	$J_{pz} = 0.002\ 982$	$J_{gz} = 0.003\ 755\ 1$

通过公式计算得到系统的刚度和阻尼结果如表 3-4 所示。

表 3-4 齿轮系统刚度与阻尼参数

参数	刚度/(N/m)	阻尼/(N·s/m)
齿轮啮合参数	969 650 000	2000
主动齿轮 x 方向	790 679 793	2000
主动齿轮轴承 1y 方向	1 579 773 924	2000
主动齿轮轴承 1z 方向	1 579 773 924	2000
主动齿轮轴承 2y 方向	2 145 418 160	2000
主动齿轮轴承 2z 方向	2 145 418 160	2000
被动齿轮 y 方向	579 988 593	2000
被动齿轮轴承 1y 方向	2 190 934 258	2000
被动齿轮轴承 1z 方向	2 190 934 258	2000
被动齿轮轴承 2y 方向	2 190 934 258	2000
被动齿轮轴承 2z 方向	2 190 934 258	2000

将传动系统扭转振动模型和主减速器耦合振动模型整合,就可以得到传动系统扭振与主减速器齿轮系统振动的耦合动力学微分方程,式中各变量的具体含义在各节中已说明,部分参数的数值也已经列出,在此不作详述。

3.2.4 主减速器振动的实验分析

1. 测试系统原理及结构组成

实验测试所采用的主减速器总成振动噪声自动检测系统是由编者所在的科研团队开发的，为了避免测试过程中环境噪声的影响，采用加速度传感器通过采集振动信号来判断主减速器的质量。检测系统首先根据多年实验得出的数据设定合格标准，通过模拟主减速器在实际运行过程中的工况对主减速器的运行振动状态进行检测。数据采集卡通过安装在驱动桥桥壳上的两个加速度传感器实时采集水平和垂直方向上的加速度信号，然后送到计算机进行处理，并由系统中已经编写好的程序进行滤波、解调和识别，以观察波动幅值是否超过标准值并自动保存，若超过标准值，则由可编程控制器（programmable logic controller，PLC）判断并报警。最终通过判断两个方向上振动加速度幅值大小来判定主减速器合格与否。主减速器振动检测系统的功能主要包括两方面：

（1）时域分析。时域曲线表示振动位移和加速度信号随时间的幅值变化曲线，并且显示任何瞬时振动位移和加速度信号幅值，通过时域曲线分析驱动桥的传动稳态和瞬态特性。

（2）频域分析。频域曲线表示振动幅值与不同频率的关系曲线，根据不同频率下振动幅值的大小，分析促使主减速器振动的各种频率成分。如果在某个频率其振动出现很大的幅值，则表明在这个频率下驱动桥会出现很大的振动，通过分析这个频率段的激励和各部件的固有频率，找出对振动贡献最大的激励并进行优化。主减速器振动检测系统如图 3-20 所示。

检测系统主要由硬件和软件两部分组成：

（1）系统的硬件组成。本系统的硬件部分由驱动装置和电气控制柜两部分组成。其中，驱动装置包括主减速器夹具以及进行动力驱动的摇臂钻床。电气控制柜由PLC 及其控制电路、变频器、工控机、显示器、数据采集

图 3-20　主减速器振动检测系统

器、前置器（电荷、电压放大器，调制仪等）、传感器、连接电缆等组成，其中加速度传感器包含两个通道，一个通道测量水平方向的振动，另一个通道测量垂直方向的振动。

（2）系统的软件组成。本系统的软件开发工具采用 C++Builder，严格按照软件工程标准流程开发。其功能包括振动信号的采集与分析，在操作界面上实时显示振动幅值随时间变化的时域图和频率变化的频域图，能够快速、准确地对主减速器总成品质进行判断，并且针对问题原因进行修正。振动信号采集界面如图 3-21 所示。

在"参数设置"选项中有通道 1 和通道 2 正反转的振动信号幅值标准值设置，振动幅值标准值是根据长期对比和实践经验得出的，用于快速、准确地判断主减速器总成品质是否合格。参数设置如图 3-22 所示。

2. 齿侧间隙对振动影响的实验分析

由于在主减速器实际装配中影响振动噪声的因素很多，因此在主减速器装配中，应尽量保证装配中其他参数一致，同时通过调整同一主减速器的不同齿侧间隙，得到齿侧间隙与主减速器振动的关系。齿侧间隙通过主、被动齿轮齿侧间隙检测机检测，检测机如图 3-23 所示。

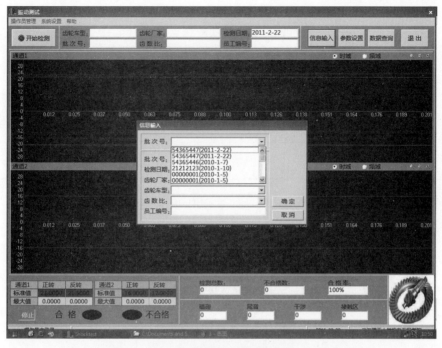

图 3-21　振动信号采集界面

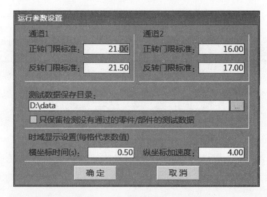

图 3-22　"运行参数设置"界面

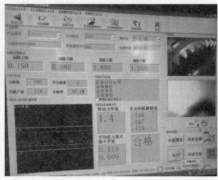

图 3-23　齿侧间隙检测机

　　通过调整 3 组不同的齿侧间隙研究齿侧间隙变化对主减速器振动的影响规律。完成齿侧间隙检测后,采用主减速器总成振动噪声自动检测系统测试主减速器的振动状况,其检测结果如表 3-5 所示。

表 3-5　各样件齿侧间隙测试结果统计表

样　件 齿侧间隙	主减速器 1	主减速器 2	主减速器 3
测试 1/mm	0.106	0.107	0.105
测试 2/mm	0.126	0.118	0.116
测试 3/mm	0.143	0.136	0.130

　　主减速器 1 在不同齿侧间隙下的振动结果分别如图 3-24 所示。

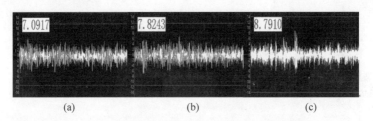

图 3-24　主减速器 1 在不同齿侧间隙下的振动测试
(a) 齿侧间隙 0.106mm;(b) 齿侧间隙 0.126mm;(c) 齿侧间隙 0.143mm

　　主减速器 2 在不同齿侧间隙下的振动结果分别如图 3-25 所示。

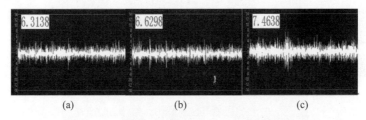

图 3-25　主减速器 2 在不同齿侧间隙下的振动测试
(a) 齿侧间隙 0.107mm;(b) 齿侧间隙 0.118mm;(c) 齿侧间隙 0.136mm

　　主减速器 3 在不同齿侧间隙下的振动结果分别如图 3-26 所示。

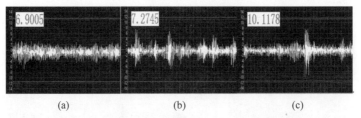

图 3-26　主减速器 3 在不同齿侧间隙下的振动测试
(a) 齿侧间隙 0.105mm;(b) 齿侧间隙 0.116mm;(c) 齿侧间隙 0.130mm

　　以上各图中(a)、(b)、(c)分别表示 3 组主减速器在测试 1、测试 2、测试 3 的振动情况,可以看出同一套主减速器在不同齿侧间隙情况下的振动加速度幅值不同。当齿侧间隙处于 0.10～0.11mm 范围内时,振动加速度幅值很小,而当齿侧间隙调整到 0.11～0.14mm 时,齿侧间隙平均幅值增大,波动加剧,说明主减速器准双曲面齿轮在啮合过程中,由于齿轮传递误差导致轮齿没有按照理论啮合线进行传动,从而激发主减速器产生振动。

3. 整车路试实验

针对理论分析的优化结果,进行整车路试实验,分别测试不同参数下的主减速器总成振动性能。两套主减速器参数调整如表 3-6 所示。

表 3-6 整车路试主减速器参数调整

参数 \ 样件	主减速器 A	主减速器 B
啮合刚度/(N/mm)	969 650	872 685
齿侧间隙/mm	0.122	0.104
压力角/(°)	21.15	20.15

所采用的便携式振动噪声性能检测系统的硬件部分由计算机、传感器、数据采集卡、前置器等组成[25]。系统硬件如图 3-27 所示。该测试系统的传感器分为加速度传感器和光电传感器。光电传感器用于检测传动轴的转速,首先对传动轴上需贴反光带的地方进行擦拭清理,然后将反光带沿轴线方向粘贴在传动轴表面,并将光电传感器磁性底座固定于汽车底盘,使光电传感器检测头垂直对准反光带并且保持 2cm 左右距离。光电传感器如图 3-28 所示。

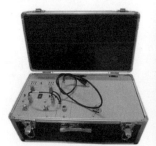

图 3-27 便携式检测系统硬件部分总图   图 3-28 光电传感器

两个加速度振动传感器分别安装在主减速器的垂直方向和水平方向,将信号线接入调制仪的两个通道,两个传感器的灵敏度分别为 4.77pc/s² 和 4.94pc/s²。安装位置如图 3-29 所示。

光电传感器和加速度传感器安装完成后的位置如图 3-30 所示。本实验不改变变速箱、离合器、前后悬架等部件,对汽车发动机转速 0～6000r/min 的全速域范围进行路试,采用点对点的振动测试方式,避免其他振动的影响。同时采用比利时 LMS 公司开发的便携式 LMS. Test. Lab NVH 噪声测试仪,实时测试行驶过程中车内的噪声情况,主减速器 A 垂直方向和水平方向测试结果如图 3-31 和图 3-32 所示。

图 3-29　加速度传感器安装图

图 3-30　光电传感器和加速度传感器安装图

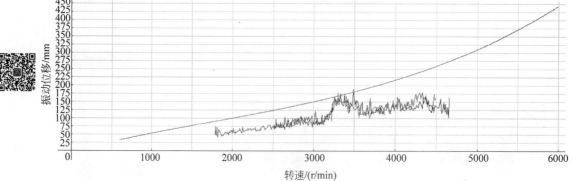

图 3-31　主减速器 A 路试垂直方向振动

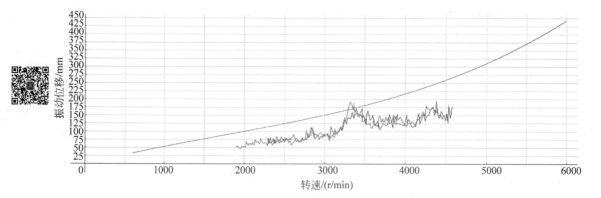

图 3-32　主减速器 A 路试水平方向振动

　　其中绿色曲线表示恒定转速下的振动曲线,红色曲线表示加速阶段,蓝色曲线表示滑行阶段。主减速器 B 垂直方向和水平方向测试结果如图 3-33 和图 3-34 所示。

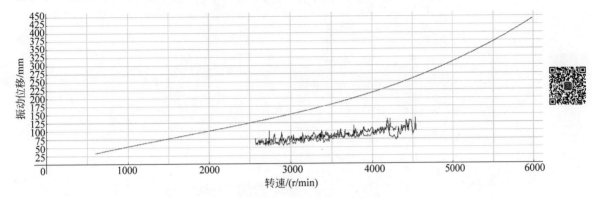

图 3-33　主减速器 B 路试垂直方向振动

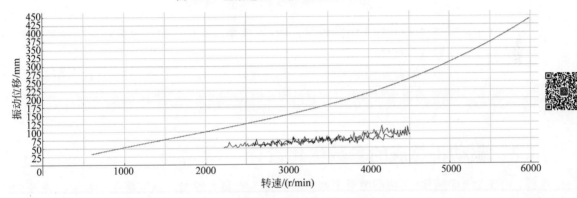

图 3-34　主减速器 B 路试水平方向振动

　　对比两组主减速器 A 和 B 在路试过程中的振动情况,发现经过参数优化后的主减速器在加速阶段和滑行阶段的振动明显降低。

　　图 3-35 和图 3-36 分别表示主减速器 A 和 B 在行驶过程中车内噪声检测曲线,其中绿色曲线表示加速阶段,蓝色曲线表示滑行阶段。

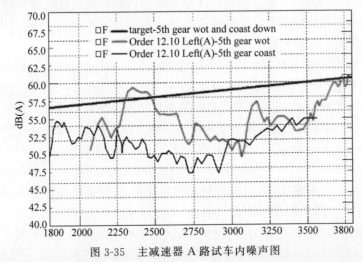

图 3-35　主减速器 A 路试车内噪声图

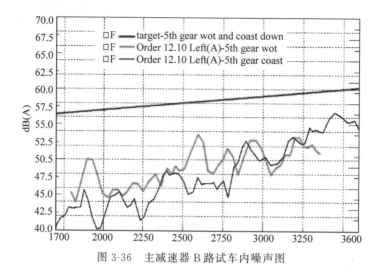

图 3-36　主减速器 B 路试车内噪声图

对比主减速器 A 和 B 的车内噪声测试图,发现参数优化后噪声效果有了明显的改善,特别是在发动机转速较低的阶段。

因此当时变啮合刚度变为原来的 0.9,齿侧间隙保持在 0.1mm 附近,且压力角设置为 20.15°时,主减速器的振动和噪声得到明显的改善,提升了汽车 NVH 性能。

3.3　驱动桥总成的参数优化设计

由 3.2.4 节可知,齿侧间隙对主减速器的振动有很大影响。本节将进一步通过改变齿侧间隙以及轴承预紧力等参数值来探究参数变化对驱动桥振动的影响,进而寻求优化设计方法。

3.3.1　齿侧间隙对驱动桥总成的振动影响分析

在齿轮实际安装过程中,为消除齿轮制造安装误差可能造成齿轮啮合时的干涉现象,且保证齿轮系统良好的润滑,一般在齿轮间设置一定的齿侧间隙。通过对齿轮系统的内部激励进行分析可知,齿侧间隙会直接影响齿轮啮合过程中的时变刚度、传递误差等激励因素,进而影响齿轮系统的振动特性。

在保证动力学模型中参数不变的条件下,分别对 9 组不同齿侧间隙下的驱动桥振动方程进行求解,其中 9 组齿侧间隙分别为: $2b = 0.004$mm, 0.008mm, 0.01mm, 0.02mm, 0.04mm, 0.08mm, 0.1mm, 0.2mm, 0.4mm。考虑到各轴承振动响应的峰值频率与齿轮振动响应的峰值频率基本一致,故只以轴承外圈水平方向振动位移的频域图为例分析齿侧间隙对齿轮系统振动响应的影响。不同齿侧间隙下轴承外圈振动位移的频域图如图 3-37 所示。

从图 3-37 中可以看出,各齿侧间隙下,主减速器的振动响应均存在多种频率成分。当齿侧间隙较小时,振动响应以 66.7Hz 的频率成分为主,此频率刚好为 2000r/min 转速下的驱动扭矩波动频率。随着齿侧间隙逐渐增大,332Hz 附近的频率成分愈加突出,即齿轮啮合冲击的影响显著增加。此外,当齿侧间隙较大时,振动响应在啮合频率附近频段内都存在凸起峰值,即齿轮系统的振动非线性成分增大,存在宽频冲击现象。

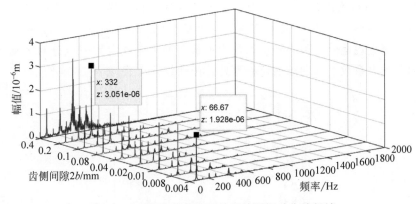

图 3-37　不同齿侧间隙下轴承外圈振动位移频域

虽然适当减小齿侧间隙有利于提升齿轮传动的平稳性,但由于在齿轮实际啮合过程中,齿侧间隙对产生油膜润滑,避免齿轮系统卡死等具有重要作用,且对于不同的车型、不同的挡位及不同的工况,驱动桥输入扭矩的波动是不同的,齿侧间隙过小,可能会导致传动系的扭矩波动加剧齿轮啮合冲击。结合啮合频率处振动位移幅值的变化趋势可知,优化设计的齿侧间隙为 0.08mm 较为合适。

3.3.2　轴承预紧力对驱动桥总成的振动影响分析

在齿轮—轴承动力学系统中,轴承不仅影响齿轮的啮合状态,还能将齿轮啮合产生的振动激励传递给桥壳,引起桥壳的振动。轴承预紧力通过直接影响轴承滚子与内、外圈间的接触刚度,进而影响轴承的承载能力,故研究轴承预紧力对驱动桥振动的影响是十分必要的。为方便分析,在此引入主、从动齿轮轴承轴向预紧力变化系数 a,分析轴承预紧力分别为初始值的 $a(a=0.1,0.2,0.5,0.8,1,1.25,2,5,10)$ 倍时,主、从动齿轮轴承外圈振动位移频域的变化趋势。不同预紧力系数下的轴承外圈振动位移频域图如图 3-38 所示。

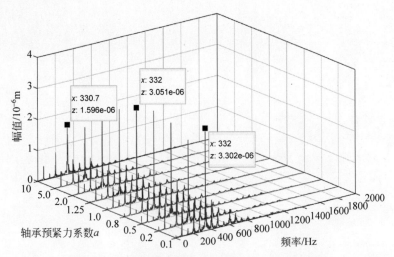

图 3-38　不同预紧力系数下轴承外圈振动位移频域

　　从图 3-38 中可以看出,不同预紧力系数下的轴承振动位移的频率成分基本不变,主要为驱动力矩波动频率、啮合频率及其倍频。但随着刚度的改变,不同频率成分的贡献量也发生变化。为了更直观地分析不同轴承预紧力系数下的齿轮啮合频率成分对振动的贡献量,得到了不同预紧力系数下的轴承啮合频率处的振动位移幅值,如图 3-39 所示。

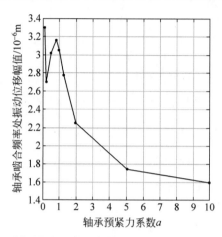

图 3-39　不同预紧力系数下的轴承啮合频率处的振动位移幅值

　　从图 3-39 中可以看出,当轴承预紧力系数大于 0.8 时,随着预紧力系数的增大,啮合频率处轴承外圈振动位移幅值逐渐减小,但当轴承预紧力系数小于 0.8 时,啮合频率处轴承外圈振动位移幅值随着预紧力的增大呈现先减小后增大的趋势。考虑到驱动桥在齿轮啮合频率处振动噪声较大,综合上述分析,应适当增大轴承预紧力以减小桥壳振动的输入激励,从而减小桥壳的振动噪声。由于预紧力增大到一定程度时,对振动响应的影响不明显,且预紧力太大可能导致轴承接触应力过大、发热严重,严重影响轴承使用寿命,同时导致轴承异常振动与噪声的产生,故优化后的预紧力为原先的 2 倍,以提升驱动桥的 NVH 性能。

第4章

传动系统的振动分析及参数优化设计

4.1 传动系统的实验研究

汽车传动系统是一个由多个零部件组成的复杂系统,其功能是将发动机的扭矩传递到驱动轮以驱动汽车行驶,传递路径包括变速箱、离合器、传动轴总成、驱动桥主减速器、半轴和左右轮。在不同的激励下,它的振动方式也有多种形式。为了解当前所研究车型传动系统的振动特点,方便进行针对性分析,本节通过实验测量的方法,在汽车传动系统的台架上测量了传动系统各个部件的振动响应。

4.1.1 台架实验介绍

本实验中采用某动力传动系统 NVH 实验中心的实验台架,其台架总体布局如图 4-1 所示。

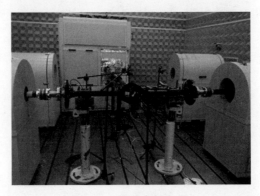

图 4-1 实验台架布局

该实验台主要用于测量传动系统的 NVH 性能。实验台安装在背景噪声小于 25dB 的消音室内,动力源为一台高频电机,传动系统由变速箱、传动轴、主减速器、半轴以及左右轮毂组成,轮毂两端连接两台测功机,为系统提供相应负载。在进行台架实验时,电机用于模拟汽车发动机的输出扭矩,用计算机对输入扭矩与转速进行准确的控制,测功机根据电机输入扭矩和转速匹配产生相应的负载。该实验台架的部分参数如表 4-1 所示。

表 4-1　实验台架部分参数

参　　数	数　　值	参　　数	数　　值
截止频率/Hz	50	测功机额定功率/kW	255
驱动电机额定功率/kW	220	测功机额定扭矩/(N·m)	4000
驱动电机额定扭矩/(N·m)	450	测功机额定转速/(r/min)	3000
驱动电机额定转速/(r/min)	1 0000	测功机转动惯量/(kg·m²)	9.9
驱动电机转动惯量/(kg·m²)	0.05	轮距/mm	1200~2000
轴距/mm	2000~4500		

由表中数据可知,电机可以提供 450N·m 的扭矩和 10 000r/min 的最高转速,满足日常车用汽油发动机的动力参数要求,可以用于实验。

4.1.2　实验内容及测点布置

实验中主要测量变速箱输出端和驱动桥输入端的扭转振动参数,以及桥壳位置的平面振动参数。如图 4-2 所示为各测量点在实验台的安装位置示意图,为方便分析驱动桥的平面振动情况,以左右半轴轴线为 y 轴,传动轴轴线为 x 轴,建立坐标系。其中变速箱输出端和驱动桥输入端的测量点处安装光电传感器,用来测量轴的角位移变化,如图 4-3(a) 和 (b) 所示,而鼻锥 z 向和被动齿轮 x 向的平面振动则采用加速度传感器进行测量,如图 4-3(c)所示。

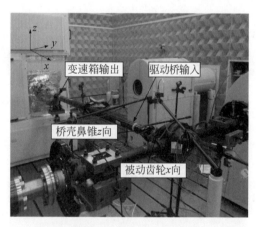

图 4-2　实验测点布置

传感器安装完成后,设置电机参数,用来产生不同的波动力矩以模拟发动机的激励,同时控制电机转速在 1000~3400r/min 范围内。本实验采用西门子公司的振动噪声测试软件对数据进行采集与分析,所得到的数据为不同转速下的系统扭转振动及平面振动响应数据。

(a)

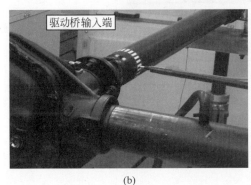

(b)

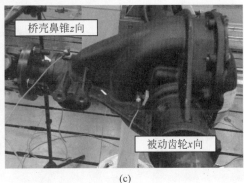

(c)

图 4-3　传感器安装位置

(a) 变速箱输出测点；(b) 驱动桥输入测点；(c) 桥壳测点

4.1.3　实验对比分析

在实验过程中，以变速箱三挡工况为实验条件，分别测量传动系统的扭转振动和平面振动数据。

1. 扭转振动实验结果

本次实验测量在变速箱为三挡的条件下进行，整个变速箱的减速比为 1.35，设置电机输出固定扭矩为 150N·m，波动力矩幅值分别为 25N·m、50N·m、75N·m、100N·m、125N·m、150N·m、175N·m 和 200N·m，用来分析不同波动力矩条件下传动系统的振动响应。当电机转速从 1000r/min 增加到 3400r/min 时，测量这一过程中振动响应随转速的变化数据。已有研究表明，对于四缸四冲程汽油机，其二阶往复惯性力引起的扭矩波动是发动机主要的输出激励[26]，所以数据分析中对每组数据结果均取二阶成分进行分析，得到变速箱输出端、驱动桥输入端角位移有效值的扫频结果，其测量结果分别如图 4-4(a) 和 (b) 所示。

由以上两图可以看出，随着转速的增加，变速箱输出端角位移有效值和驱动桥输入端角位移有效值均呈现先增大后减小的趋势，且在 1700r/min 附近位置出现峰值。同时转速超过峰值转速后，角位移有效值随转速的增大迅速降低，当转速超过 2400r/min 后，基本不再发生变化。为了对结果进行进一步比较，将每组数据的峰值和峰值对应的转速列在表 4-2 中。

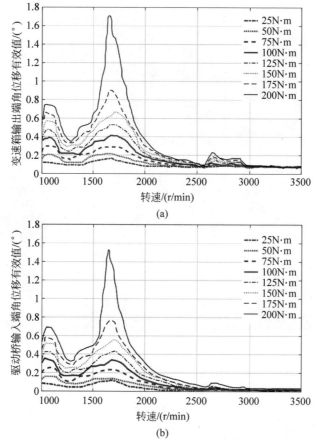

图 4-4   不同波动扭矩各部件角位移有效值

（a）变速箱输出端；（b）驱动桥输入端

表 4-2   变速箱输出端和驱动桥输入端角位移有效值峰值及对应转速

波动扭矩幅值 /（N·m）	变速箱输出端		驱动桥输入端	
	峰值转速/（r/min）	角位移有效值峰值/（°）	峰值转速/（r/min）	角位移有效值峰值/（°）
25	1669	0.1645	1674	0.1183
50	1662	0.2162	1706	0.1317
75	1720	0.2893	1711	0.2339
100	1672	0.4142	1686	0.3388
125	1710	0.5299	1724	0.4356
150	1715	0.6701	1704	0.5593
175	1664	0.9015	1689	0.7610
200	1662	1.709	1659	1.517

在不同的波动扭矩作用下，变速箱输出端和驱动桥输入端的角位移有效值峰值和对应的转速不同，但都在 1700r/min 左右；同时可以发现随着波动扭矩的增大，两者的角位移有效值峰值也随之增大。同时，测量变速箱输出端和驱动桥输入端的角加速度随转速变化曲线，其测量结果如图 4-5 所示。

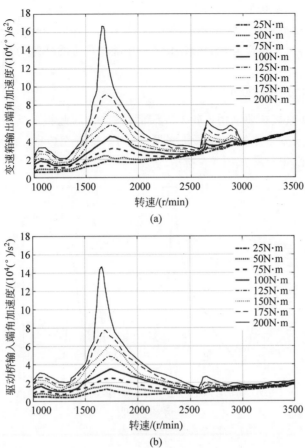

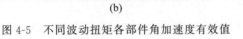

图 4-5 不同波动扭矩各部件角加速度有效值

（a）变速箱输出端；（b）驱动桥输入端

如图 4-5（a）所示，变速箱角加速度随着转速变化的规律与角位移变化的规律一致，即先增大后减小；图 4-5（b）中驱动桥输入端角加速度变化也呈现出相同的特点，均在 1700r/min 附近达到峰值。每组数据的峰值以及峰值对应的转速如表 4-3 所示。

表 4-3 变速箱输出端和驱动桥输入端角加速度有效值峰值及对应转速

波动扭矩幅值 /(N·m)	变速箱输出端		驱动桥输入端	
	峰值转速/(r/min)	峰值/((°)/s²)	峰值转速/(r/min)	峰值/((°)/s²)
25	1707	1.810e+04	1697	1.292e+04
50	1710	2.375e+04	1749	1.698e+04
75	1767	3.222e+04	1760	2.483e+04
100	1728	4.532e+04	1751	3.471e+04
125	1726	5.765e+04	1731	4.865e+04
150	1733	7.280e+04	1734	6.132e+04
175	1697	9.155e+04	1688	7.728e+04
200	1666	1.665e+05	1665	1.467e+05

变速箱输出端和驱动桥输入端的角加速度有效值随着波动扭矩的增大呈现出明显增大的趋势,而且峰值对应的转速也有一定的差异,但是都在 1700r/min 附近波动。与角位移有效值的测量结果进行对比可以发现,角位移有效值峰值对应的转速与角加速度峰值对应的转速大致相同。

2. 驱动桥平面振动实验结果

由于实验中无法直接在驱动桥齿轮上安装测量装置,因此将振动测点布置在驱动桥壳体上靠近主、被动齿轮轴承座处进行振动测量,分别测得桥壳鼻锥 z 向振动位移和被动齿轮 x 向振动位移数据,其结果如图 4-6 所示。

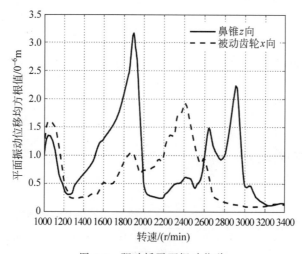

图 4-6　驱动桥平面振动位移

主减速器壳体处的平面振动响应比较复杂,在实验转速范围内出现多个峰值,其中在 1800r/min 附近,在两个振动方向上同时出现峰值,且鼻锥 z 向的振动响应较大,这与扭转振动测量中实验台在 1700r/min 出现峰值较为接近,说明实验台在某一转速下系统的扭转振动响应和驱动桥的平面振动响应会出现峰值。考虑到当前车型在某一转速下振动噪声较大这一现象[27],下文将对当前传动系统进行建模研究,并试图找出降低噪声的方法。

4.2　传动系统耦合模型的振动分析及参数优化设计

为分析汽车传动系统的振动特点,本节以 4.1 节中实验台为对象建立理论模型。考虑到传动系统结构复杂,涉及发动机、离合器、变速箱、传动轴、主减速器和半轴等众多的零部件,因此,在进行理论建模的过程中需要对实际模型中部分零部件进行简化,以建立传动系统的理论模型进行研究。

4.2.1　传动系统耦合模型概述

1. 传动系统振动分析基础理论

汽车传动系统是由多个零部件组成的机械系统,且各零部件间连接复杂,研究中需要对实际模型进行简化。根据实验台的结构特点,简化后的汽车传动系统如图 4-7 所示。

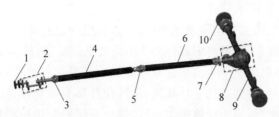

1—离合器；2—变速箱；3—第一十字轴万向节；4—中间传动轴；5—第二十字轴万向节；
6—主传动轴；7—第三十字轴万向节；8—主减速器总成；9—半轴；10—轮毂。

图 4-7 汽车传动系统简图

在汽车动力经过传动系统传递过程中，会激发系统各零部件发生多种形式的振动，其中轴类零部件表现为扭转振动，而驱动桥主减速器齿轮副结构复杂，表现为纵向和横向的平面振动、轴向的扭转振动以及二者的耦合振动效应。同时由于部分零部件还存在机械连接，使得零部件间的振动发生相互耦合，导致传动系统振动变得更加复杂。综合以上影响因素，为真实反映传动系统实际工况，本节建立了传动系统耦合振动模型，通过这一模型将重点研究传动系统的扭转振动以及传动系统与驱动桥齿轮耦合振动特性。根据传动系统的结构简图，并对理论建模过程中需考虑的多个影响因素进行总结，建立如图 4-8 所示的建模流程图。

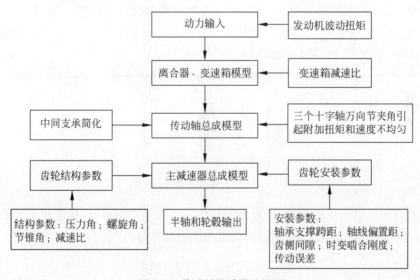

图 4-8 传动系统建模流程图

发动机汽缸内周期变化的汽缸爆发力和曲柄连杆机构旋转运动产生的不均衡惯性力，使发动机输出扭矩产生波动，研究中主要考虑扭矩的二阶激励[26]。在传动轴总成模型中考虑由万向节轴间夹角的存在产生的附加扭矩和速度波动；而对于主减速器总成模型，需要考虑螺旋锥齿轮的几何参数和齿轮安装参数改变时导致的啮合力变化，同时需要考虑螺旋锥齿轮副在轮齿啮合过程中的非线性因素影响；半轴和轮毂按照简单轴系进行分析。下文将对传动系统的建模过程进行介绍。

2. 传动系统耦合振动模型

汽车动力传动系统的主要运动形式为旋转运动,结构比较规则,运动自由度单一,故采用集中质量法进行建模分析,即将零部件简化为由转动惯量、扭转刚度和扭转阻尼三类当量参数组成的简单系统,构成了一个离散化的有限自由度系统。而在汽车传动系统中只需考虑部分零部件间的阻尼,由此简化了计算量,从而使计算变得简单。在模型分析中,汽车传动系统由于存在多种激励,属于受迫振动,所以建立系统的受迫扭转振动微分方程,其表达式如下:

$$\boldsymbol{J}\ddot{\boldsymbol{\theta}} + \boldsymbol{C}\dot{\boldsymbol{\theta}} + \boldsymbol{K}\boldsymbol{\theta} = \boldsymbol{M} \tag{4-1}$$

式中,$\boldsymbol{J}$ 为系统等效转动惯量矩阵;$\boldsymbol{C}$ 为系统的阻尼矩阵;$\boldsymbol{K}$ 为系统的扭转刚度矩阵;$\ddot{\boldsymbol{\theta}}$、$\dot{\boldsymbol{\theta}}$ 和 $\boldsymbol{\theta}$ 分别为系统的扭转角加速度矩阵、扭转角速度矩阵和角位移矩阵;$\boldsymbol{M}$ 为系统的激振力矩列向量。

1) 电机离合器的简化及建模

离合器安装在变速箱和发动机之间的飞轮壳内。在汽车行驶的过程中,驾驶员可以根据需要踩下或松开离合器踏板,以切断或传输发动机向变速箱传递的动力。离合器主要由飞轮、摩擦盘和压板等转动部件组成。由于在分析离合器部分的振动时,只针对其扭转振动进行研究,因此,不考虑其几何形状,可以将这些部分等效成与其转动惯量、阻尼和刚度相同的质点。4.1 节中的实验是以电机作为动力,为和后续理论验证保持一致,建立的模型也以电机作为动力输入,模型建立过程中将电机等效为第一个集中惯量,飞轮等效为第二个集中惯量。电机、飞轮及离合器简化模型如图 4-9 所示[28]。

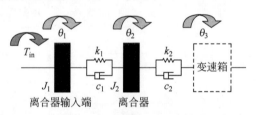

图 4-9　电机、飞轮及离合器简化模型

离合器与发动机输出端相连,主要作用是传递动力,研究中只对稳定状态下的离合器进行分析。根据简化模型和受迫振动原理列出如下当量微分方程:

$$\begin{cases} J_1(\ddot{\theta}_1 - \ddot{\theta}_2) + c_1(\dot{\theta}_1 - \dot{\theta}_2) + k_1(\theta_1 - \theta_2) = T_{in} \\ J_2\ddot{\theta}_2 + c_1(\dot{\theta}_2 - \dot{\theta}_1) + k_1(\theta_2 - \theta_1) + c_2(\dot{\theta}_2 - \dot{\theta}_3) + k_2(\theta_2 - \theta_3) = 0 \end{cases} \tag{4-2}$$

式中,J_1 和 J_2 分别为电机输出端和离合器的转动惯量;c_1 和 c_2 分别为电机输出端和离合器的阻尼;k_1 和 k_2 分别为电机输出端和离合器的扭转刚度;θ_1 为电机的角位移;θ_2 为离合器的角位移;θ_3 为变速箱输入端的角位移;T_{in} 为电机输出扭矩。

发动机输出的波动扭矩是传动系统产生振动的激励源之一,本书研究的汽车发动机为四缸汽油机,其工作过程中输出扭矩是波动变化的,这是汽车传动系统振动的主要激励,其表达式如下:

$$T_{in} = T_m + T_{d2}\cos(2\omega_f t + \varphi_2) \tag{4-3}$$

式中，T_m 为扭矩的均值部分；T_{d2} 为二阶波动扭矩幅值；ω_f 为曲轴的角速度；φ_2 为二阶波动扭矩初相位。

2）变速箱的简化及建模

变速箱是汽车传动系统的组成部分之一，其主要作用是通过不同的齿轮对组合改变车辆传动的传动比，根据不同的需求通过换挡便能得到合适的扭矩和转速，以保证汽车在各种路况下正常行驶。本书研究的车型采用的为三轴式手动变速箱，其各挡位速比如表 4-4 所示。

表 4-4 变速箱各挡位速比

变速箱挡位	第一挡 i_1	第二挡 i_2	第三挡 i_3	第四挡 i_4	第五挡 i_5	第六挡 i_6	倒挡 i_7
总传动比	4.489	2.337	1.350	1.000	0.784	0.679	4.253

在模型简化过程中，变速箱的等效参数与其结构以及所处挡位有关。模型中以三挡条件为例，使用集中质量法建立变速箱的等效模型，将变速箱的三根轴看作三对由刚度和阻尼连接的质点，同时不考虑变速箱的齿轮工作时的能量损失，将齿轮副看作只有增减速作用的旋转刚体。变速箱工作过程中，无论处于哪个挡位，中间轴一直工作，但其轴线和主传动系统未在同一轴线上，所以在简化过程中，考虑各轴段的速比关系，将各齿轮的等效转动惯量、刚度、力矩等按照传动比等效至一个主轴段上。经过简化后的变速箱模型如图 4-10 所示。

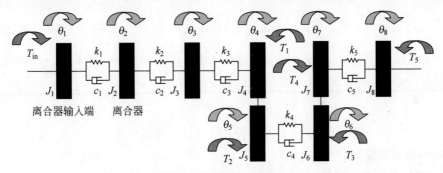

图 4-10 变速箱简化模型

根据图 4-10 所示简化模型和振动当量微分公式，可以得到如下微分方程：

$$\begin{cases} J_1\ddot{\theta}_1 + c_1(\dot{\theta}_1 - \dot{\theta}_2) + k_1(\theta_1 - \theta_2) = T_{in} \\ J_2\ddot{\theta}_2 + c_1(\dot{\theta}_2 - \dot{\theta}_1) + k_1(\theta_2 - \theta_1) + c_2(\dot{\theta}_2 - \dot{\theta}_3) + k_2(\theta_2 - \theta_3) = 0 \\ J_3\ddot{\theta}_3 + c_2(\dot{\theta}_3 - \dot{\theta}_2) + k_2(\theta_3 - \theta_2) + c_3(\dot{\theta}_3 - \dot{\theta}_4) + k_3(\theta_3 - \theta_4) = 0 \\ J_4\ddot{\theta}_4 + c_3(\dot{\theta}_4 - \dot{\theta}_3) + k_3(\theta_4 - \theta_3) = T_1 \\ J_5\ddot{\theta}_5 + c_4(\dot{\theta}_5 - \dot{\theta}_6) + k_4(\theta_5 - \theta_6) = T_2 \\ J_6\ddot{\theta}_6 + c_4(\dot{\theta}_6 - \dot{\theta}_5) + k_4(\theta_6 - \theta_5) = T_3 \\ J_7\ddot{\theta}_7 + c_5(\dot{\theta}_7 - \dot{\theta}_8) + k_5(\theta_7 - \theta_8) = T_4 \\ J_8\ddot{\theta}_8 + c_5(\dot{\theta}_8 - \dot{\theta}_7) + k_5(\theta_8 - \theta_7) = T_5 \end{cases} \qquad (4\text{-}4)$$

式中，$J_3 \sim J_8$ 为变速箱轴两端的等效转动惯量；$T_1 \sim T_5$ 为轴端的扭矩；k_3、k_4 和 k_5 分别为输入轴、中间轴和输出轴的等效扭转刚度；c_3、c_4 和 c_5 分别为输入轴、中间轴和输出轴的等效扭转阻尼；$\theta_4 \sim \theta_8$ 为轴端的角位移。

输入轴将动力通过齿轮传递到中间轴，再通过中间轴的从动齿轮将动力传递到输出轴，输入轴从动齿轮齿数为 43，中间轴主动齿轮齿数为 43，传动比 $i_1 = 43/28$；输出轴从动齿轮齿数为 33，输出轴主动齿轮齿数为 29，传动比 $i_2 = 29/33$。总传动比 $i = 1.35$。因此，轴的两端扭矩和角位移存在以下关系：

$$
\begin{cases}
T_1 = -T_2/i_1 \\
T_3 = -T_4/i_2 \\
\theta_4 = i_1 \theta_5 \\
\theta_6 = i_2 \theta_7
\end{cases}
\tag{4-5}
$$

将式（4-5）代入方程组（4-4）中，可得

$$
\begin{cases}
J_1 \ddot{\theta}_1 + c_1(\dot{\theta}_1 - \dot{\theta}_2) + k_1(\theta_1 - \theta_2) = T_{in} \\
J_2 \ddot{\theta}_2 + c_1(\dot{\theta}_2 - \dot{\theta}_1) + k_1(\theta_2 - \theta_1) + c_2(\dot{\theta}_2 - \dot{\theta}_3) + k_2(\theta_2 - \theta_3) = 0 \\
J_3 \ddot{\theta}_3 + c_2(\dot{\theta}_3 - \dot{\theta}_2) + k_2(\theta_3 - \theta_2) + c_3(\dot{\theta}_3 - i_1 \dot{\theta}_5) + k_3(\theta_3 - i_1 \theta_5) = 0 \\
i_1^2 J_4 \ddot{\theta}_5 + i_1 c_3(i_1 \dot{\theta}_5 - \dot{\theta}_3) + i_1 k_3(i_1 \theta_5 - \theta_3) + J_5 \ddot{\theta}_5 + c_4(\dot{\theta}_5 - i_2 \dot{\theta}_7) + k_4(\theta_5 - i_2 \theta_7) = 0 \\
i_2^2 J_6 \ddot{\theta}_7 + i_2^2 c_4(i_2 \dot{\theta}_7 - \dot{\theta}_5) + i_2^2 k_4(i_2 \theta_7 - \theta_5) + J_7 \ddot{\theta}_7 + c_5(\dot{\theta}_7 - \dot{\theta}_8) + k_5(\theta_7 - \theta_8) = 0 \\
J_8 \ddot{\theta}_8 + c_5(\dot{\theta}_8 - \dot{\theta}_7) + k_5(\theta_8 - \theta_7) = T_5
\end{cases}
$$

$$\tag{4-6}$$

因此，在代入角位移和扭矩的关系式后可以降低变速箱系统的自由度，有利于更快地计算出振动响应的结果。

3）传动轴的简化及建模

汽车传动轴的功能是将变速箱的动力传递到驱动桥，主要由两端传动轴通过万向节连接在变速箱输出端和驱动桥输入端。传动轴总成由三个万向节和两根传动轴组成，第一个万向节连接变速箱输出端和中间传动轴的输入端，第二个万向节连接中间传动轴的输出端和主传动轴的输入端，第三个万向节连接主传动轴的输出端和驱动桥的输入端。而且每个万向节的主动叉和从动叉轴线存在一定的夹角。其结构如图 4-11 所示。

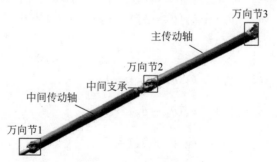

图 4-11　传动轴三维模型图

由于传动轴的轴体为规则的空心圆柱体,因此可以简化为弹性元件。将传动轴的质量等效于轴的两端,并通过等效刚度和阻尼连接起来。同时,由于连接传动轴的万向节存在一定的角度,会使传动轴产生振动。根据集中质量法,传动轴的简化模型如图 4-12 所示。

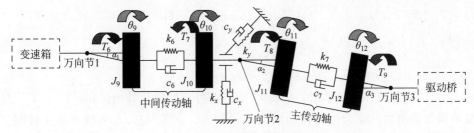

图 4-12 传动轴简化模型

图 4-12 中,$J_9 \sim J_{12}$ 为传动轴两端的等效惯量;$\theta_9 \sim \theta_{12}$ 为传动轴两端的角位移;$T_6 \sim T_9$ 为传动轴两端的扭矩;k_6 和 k_7 分别为中间传动轴和主传动轴的等效扭转刚度;c_6 和 c_7 分别为中间传动轴和主传动轴的等效阻尼。由于夹角的存在,传动轴在进行速度和扭矩的传递过程中会存在非线性现象,该现象产生的原因在 2.1 节中已经进行了详细叙述,在此不再重复。因此,传动轴部分的振动微分方程可表示为

$$\begin{cases} J_9\ddot{\theta}_9 + c_6(\dot{\theta}_9 - \dot{\theta}_{10}) + k_6(\theta_9 - \theta_{10}) = T_6 \\ J_{10}\ddot{\theta}_{10} + c_6(\dot{\theta}_{10} - \dot{\theta}_9) + k_6(\theta_{10} - \theta_9) = T_7 \\ J_{11}\ddot{\theta}_{11} + c_7(\dot{\theta}_{11} - \dot{\theta}_{12}) + k_7(\theta_{11} - \theta_{12}) = T_8 \\ J_{12}\ddot{\theta}_{12} + c_7(\dot{\theta}_{12} - \dot{\theta}_{11}) + k_7(\theta_{12} - \theta_{11}) = T_9 \\ m_m\ddot{x}_x + c_x\dot{x}_x + k_x x_x = F_{mx} \\ m_m\ddot{x}_y + c_y\dot{x}_y + k_y x_y = F_{my} \end{cases} \tag{4-7}$$

式中,x_x 和 x_y 分别为中间支承的横向和垂向位移;m_m 为中间支承处传动轴的等效质量;k_x 和 k_y 分别为中间支承的横向和垂向刚度;c_x 和 c_y 分别为中间支承处的横向和垂向阻尼;F_{mx} 和 F_{my} 分别为中间支承的横向和垂向激励力。该方程包括了传动轴的扭转振动以及中间支承的水平和垂向振动。

4) 驱动桥的简化及建模

扭矩通过传动轴传递到驱动桥,首先经过主减速器的螺旋锥齿轮,实现减速增矩的功能,然后主减速器通过差速器将动力传递到左右轮毂。在驱动桥模型中,将齿轮轴看作质量分布在轴两端的质点,并通过弹簧和阻尼进行连接;将主动和被动齿轮看作质点,考虑齿轮啮合的时变因素;将左、右轮毂看作两个质点分别与被动齿轮质点连接。简化模型如图 4-13 所示。

驱动桥的扭转振动微分方程可表示为

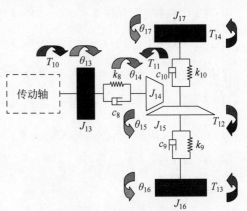

图 4-13 驱动桥简化模型

$$\begin{cases} J_{13}\ddot{\theta}_{13} + c_8(\dot{\theta}_{13} - \dot{\theta}_{14}) + k_8(\theta_{13} - \theta_{14}) = T_{10} \\ J_{14}\ddot{\theta}_{14} + c_8(\dot{\theta}_{14} - \dot{\theta}_{13}) + k_8(\theta_{14} - \theta_{13}) = T_{11} \\ J_{15}\ddot{\theta}_{15} + c_9(\dot{\theta}_{15} - \dot{\theta}_{16}) + k_9(\theta_{15} - \theta_{16}) + c_{10}(\dot{\theta}_{15} - \dot{\theta}_{17}) + k_{10}(\theta_{15} - \theta_{17}) = T_{12} \\ J_{16}\ddot{\theta}_{16} + c_9(\dot{\theta}_{16} - \dot{\theta}_{15}) + k_9(\theta_{16} - \theta_{15}) = T_{13} \\ J_{17}\ddot{\theta}_{17} + c_{10}(\dot{\theta}_{17} - \dot{\theta}_{15}) + k_{10}(\theta_{17} - \theta_{15}) = T_{14} \end{cases} \quad (4\text{-}8)$$

式中，$J_{13} \sim J_{17}$ 为各部件等效惯量；$\theta_{13} \sim \theta_{17}$ 为各部件等效质量处角位移；$T_{10} \sim T_{14}$ 为各部件等效质量处的扭矩；k_8 为齿轮轴的刚度；k_9 和 k_{10} 分别为左、右半轴等效扭转刚度；c_8 为齿轮轴的阻尼；c_9 和 c_{10} 分别为左、右半轴等效扭转阻尼。

结合离合器、变速箱、传动轴和驱动桥的模型，可以得到传动系统的耦合振动理论模型：

$$\begin{cases} J_1\ddot{\theta}_1 + c_1(\dot{\theta}_1 - \dot{\theta}_2) + k_1(\theta_1 - \theta_2) = T_{in} \\ J_2\ddot{\theta}_2 + c_1(\dot{\theta}_2 - \dot{\theta}_1) + k_1(\theta_2 - \theta_1) + c_2(\dot{\theta}_2 - \dot{\theta}_3) + k_2(\theta_2 - \theta_3) = 0 \\ J_3\ddot{\theta}_3 + c_2(\dot{\theta}_3 - \dot{\theta}_2) + k_2(\theta_3 - \theta_2) + c_3(\dot{\theta}_3 - i_1\dot{\theta}_5) + k_3(\theta_3 - i_1\theta_5) = 0 \\ i_1^2 J_4\ddot{\theta}_5 + i_1^2 c_3(i_1\dot{\theta}_5 - \dot{\theta}_3) + i_1^2 k_3(i_1\theta_5 - \theta_3) + J_5\ddot{\theta}_5 + c_4(\dot{\theta}_5 - i_2\dot{\theta}_7) + k_4(\theta_5 - i_2\theta_7) = 0 \\ i_2^2 J_6\ddot{\theta}_7 + i_2^2 c_4(i_2\dot{\theta}_7 - \dot{\theta}_5) + i_2^2 k_4(i_2\theta_7 - \theta_5) + J_7\ddot{\theta}_7 + c_5(\dot{\theta}_7 - \dot{\theta}_8) + k_5(\theta_7 - \theta_8) = 0 \\ J_8\ddot{\theta}_8 + c_5(\dot{\theta}_8 - \dot{\theta}_7) + k_5(\theta_8 - \theta_7) = T_5 \\ J_9\ddot{\theta}_9 + c_6(\dot{\theta}_9 - \dot{\theta}_{10}) + k_6(\theta_9 - \theta_{10}) = T_6 \\ J_{10}\ddot{\theta}_{10} + c_6(\dot{\theta}_{10} - \dot{\theta}_9) + k_6(\theta_{10} - \theta_9) = T_7 \\ J_{11}\ddot{\theta}_{11} + c_7(\dot{\theta}_{11} - \dot{\theta}_{12}) + k_7(\theta_{11} - \theta_{12}) = T_8 \\ J_{12}\ddot{\theta}_{12} + c_7(\dot{\theta}_{12} - \dot{\theta}_{11}) + k_7(\theta_{12} - \theta_{11}) = T_9 \\ J_{13}\ddot{\theta}_{13} + c_8(\dot{\theta}_{13} - \dot{\theta}_{14}) + k_8(\theta_{13} - \theta_{14}) = T_{10} \\ J_{14}\ddot{\theta}_{14} + c_8(\dot{\theta}_{14} - \dot{\theta}_{13}) + k_8(\theta_{14} - \theta_{13}) = T_{11} \\ J_{15}\ddot{\theta}_{15} + c_9(\dot{\theta}_{15} - \dot{\theta}_{16}) + k_9(\theta_{15} - \theta_{16}) + c_{10}(\dot{\theta}_{15} - \dot{\theta}_{17}) + k_{10}(\theta_{15} - \theta_{17}) = T_{12} \\ J_{16}\ddot{\theta}_{16} + c_9(\dot{\theta}_{16} - \dot{\theta}_{15}) + k_9(\theta_{16} - \theta_{15}) = T_{13} \\ J_{17}\ddot{\theta}_{17} + c_{10}(\dot{\theta}_{17} - \dot{\theta}_{15}) + k_{10}(\theta_{17} - \theta_{15}) = T_{14} \\ m_m\ddot{x}_x + c_x\dot{x}_x + k_x x_x = F_{mx} \\ m_m\ddot{x}_y + c_y\dot{x}_y + k_y x_y = F_{my} \end{cases}$$

$$(4\text{-}9)$$

式(4-9)中参数符号已经在子模型建模分析时进行了说明，参数值均为 4.1 节中实验台的数据,其中质量和结构可以直接测量,而惯量、刚度和阻尼等需要通过计算得到。扭转振动模型大都使用形状较为规则的几何体,可以通过公式进行计算,对于圆柱类零件,其转动惯量为

$$J = \frac{\pi \rho D^4 L}{32} \tag{4-10}$$

式中,J 为轴的转动惯量;ρ 为材料密度;D 为轴的直径;L 为轴的长度。其等效刚度为

$$k = \frac{G I_p}{L} \tag{4-11}$$

式中,k 为轴的等效刚度;I_p 为轴的截面极惯性矩。其等效阻尼为

$$c = 2\zeta \sqrt{\frac{k}{\frac{1}{J_A} + \frac{1}{J_B}}} \tag{4-12}$$

式中,c 为等效阻尼;ζ 为轴的阻尼系数[29];J_A 和 J_B 分别为轴两端的等效转动惯量。由式(4-10)可得到转动惯量的计算结果,如表 4-5 所示。

表 4-5　系统惯量参数

集中质量点	转动惯量/$(kg \cdot m^2)$	集中质量点	转动惯量/$(kg \cdot m^2)$
离合器输入端	$J_1 = 0.05$	中间传动轴输出端	$J_{10} = 0.001\,69$
离合器、飞轮	$J_2 = 0.380$	主传动轴输入端	$J_{11} = 0.001\,73$
变速箱输入轴输入端	$J_3 = 0.008\,53$	主传动轴输出端	$J_{12} = 0.001\,73$
变速箱输入轴输出端	$J_4 = 0.001\,82$	齿轮轴	$J_{13} = 0.000\,027\,7$
变速箱中间轴输入端	$J_5 = 0.002\,41$	主动齿轮	$J_{14} = 0.000\,111$
变速箱中间轴输出端	$J_6 = 0.004\,54$	被动齿轮	$J_{15} = 0.0342$
变速箱输出轴输入端	$J_7 = 0.002\,15$	左负载惯量	$J_{16} = 9.9$
变速箱输出轴输出端	$J_8 = 0.002\,58$	右负载惯量	$J_{17} = 9.9$
中间传动轴输入端	$J_9 = 0.001\,69$		

由式(4-11)与式(4-12)可得到刚度与阻尼的计算结果,如表 4-6 所示。

表 4-6　系统扭转刚度和阻尼参数

零　部　件	刚度/(N/m)	阻尼/$(N \cdot s/m)$
电机轴	$k_1 = 10\,023.8$	$c_1 = 2$
离合器	$k_2 = 1640.25$	$c_2 = 100$
变速箱输入轴	$k_3 = 50\,162.7$	$c_3 = 0.613$
变速箱中间轴	$k_4 = 370\,095$	$c_4 = 8.69$
变速箱输出轴	$k_5 = 44\,483.9$	$c_5 = 2.28$
中间传动轴	$k_6 = 43\,921.8$	$c_6 = 1.93$
主传动轴	$k_7 = 41\,933.6$	$c_7 = 1.9$
齿轮轴	$k_8 = 10e + 10$	$c_8 = 2$
左半轴	$k_9 = 12\,032.1$	$c_9 = 0.5$
右半轴	$k_{10} = 12\,032.1$	$c_{10} = 0.5$

表 4-5、表 4-6 中数据均为经过等效计算后的系统参数,在方程求解中可以直接代入进行计算。

4.2.2 传动系统耦合振动特性分析及参数优化设计

在 4.2.1 节中已经建立了传动系统完整的动力学模型,本章使用 MATLAB 软件对该模型进行求解,得到传动系统各部件的振动响应,通过对时域和频域的结果分析阐述系统的振动机理,并且将理论计算的数据与 4.1.3 节中实验测量的数据进行对比,验证理论模型的正确性。同时,从系统振动特性的角度,对扫频曲线出现峰值的现象进行解释。

1. 传动系统振动响应分析

MATLAB 是美国 MathWorks 公司开发的商业数学软件,用于数据分析、深度学习、图像处理与控制系统等领域。它将数值分析、矩阵计算、科学数据可视化以及非线性动态系统的建模和仿真等功能集成在一个易于使用的视窗环境中,为科学研究、工程设计中进行有效数值计算提供了一种解决方案。MATLAB 具有以下优势:

(1) 高效的数值计算及符号计算功能,能使用户从繁杂的数学运算分析中解脱出来;

(2) 具有完备的图形处理功能,可实现计算结果和编程的可视化;

(3) 友好的用户界面及接近数学表达式的自然化语言,使学者易于学习和掌握;

(4) 功能丰富的应用工具箱(如信号处理工具箱、通信工具箱等),为用户提供了大量方便实用的处理工具。

本节将基于建立的数学模型,通过 MATLAB 计算传动系统的振动响应结果。将模型的输入转速设置为 1800r/min,波动扭矩幅值为 100N·m,变速箱部分的角位移响应结果如图 4-14 所示。

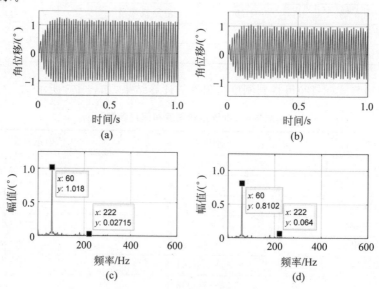

图 4-14　变速箱扭转振动响应

(a) 变速箱输入轴角位移时域响应;(b) 变速箱输出轴角位移时域响应;
(c) 变速箱输入轴角位移频域响应;(d) 变速箱输出轴角位移频域响应

对比图 4-14(a)和(b)可以看出变速箱输入端的角位移振动幅值比输出端角位移振动幅值大,这是由于变速箱的传动比为 1.35,相应的频域图(图 4-14(c)和(d))表明在频率为 60Hz 和 222Hz 处存在峰值,60Hz 处的振幅较大。本书主要研究发动机二阶扭矩的激励,其激励频率的计算式可以表达为

$$f = \frac{n}{60} \times 2 \tag{4-13}$$

式中,n 为转速。齿轮的啮合频率计算式可以表达为

$$f_{\text{meshing}} = \frac{n}{60 \times 1.35} \cdot Z_p \tag{4-14}$$

式中,Z_p 为主动齿轮的齿数。当转速为 1800r/min 时,根据式(4-13)可以计算出二阶扭矩激励频率为 60Hz,根据式(4-14)可以计算出齿轮的啮合频率为 222Hz,该结果正好与频域结果吻合。因此,可以判断变速箱的扭转振动主要由发动机二阶扭矩和齿轮的啮合激励引起,而发动机的影响更大。接着计算出传动轴部分的角位移响应,结果如图 4-15 所示。

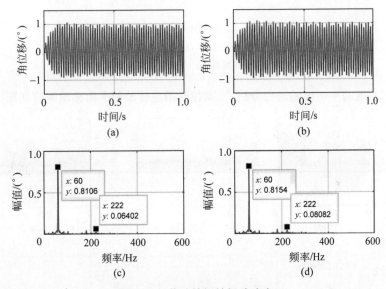

图 4-15　传动轴扭转振动响应

(a) 中间传动轴输入角位移时域响应;(b) 主传动轴输出角位移时域响应;
(c) 中间传动轴输入角位移频域响应;(d) 主传动轴输出角位移频域响应

对比图 4-15(a)和(b)可以看出传动轴的输入端和输出端的角位移幅值基本相同,而且相应的频域结果(图 4-15(c)和(d))表明传动轴的角位移幅值也是在发动机二阶激励频率和齿轮啮合激励频率处存在峰值。主、被动齿轮沿轴线的角位移响应结果如图 4-16 所示。

由于主、被动齿轮的传动比的大小为 4.1,对比图 4-16(a)和(b)可以看出主动齿轮的角位移幅值明显高于被动齿轮的角位移幅值;由图 4-16(c)和(d)可以看出,主、被动齿轮在二阶激励频率和齿轮啮合频率处出现峰值。

综合对图 4-14、图 4-15 和图 4-16 的分析可知,系统各部位的扭转振动响应在图形上具有相似性,由于系统中传动比的存在导致各部位角位移幅值具有差别,而且引起系统振动的主要因素为发动机的二阶激励和齿轮的啮合激励。

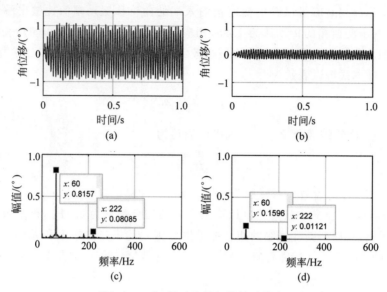

图 4-16　主、被动齿轮扭转振动响应

（a）主动齿轮角位移时域响应；（b）被动齿轮角位移时域响应；
（c）主动齿轮角位移频域响应；（d）被动齿轮角位移频域响应

接下来对系统的平面振动进行分析，主动齿轮沿坐标轴的平面振动响应如图 4-17 所示。

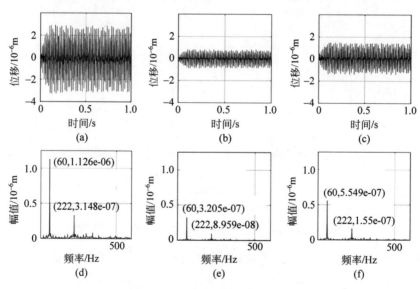

图 4-17　主动齿轮平面振动响应

（a）x 方向时域响应；（b）y 方向时域响应；（c）z 方向时域响应；
（d）x 方向频域响应；（e）y 方向频域响应；（f）z 方向频域响应

对比图 4-17(a)、(b)和(c)可以看出主动齿轮 x 方向（轴向）的振动幅值最大，其次是 z 方向（垂向），三个方向的振动位移在数值上均为一个数量级。由于频域结果图幅较小，使用游标标注会造成坐标显示部分重叠，因此此处频域结果采用箭头文本的方式标注点的坐标。通过对频域结果（图 4-17(d)、(e)和(f)）进行分析可以得到，主动齿轮沿坐标轴平面振动同样主要由发动机的二阶扭矩激励和齿轮的啮合激励引起,主要受发动机二阶激励的影响,但是相对于扭转振动来说,齿轮的平面振动受齿轮啮合激励的影响更大。被动齿轮沿坐标轴的平面振动响应如图 4-18 所示。

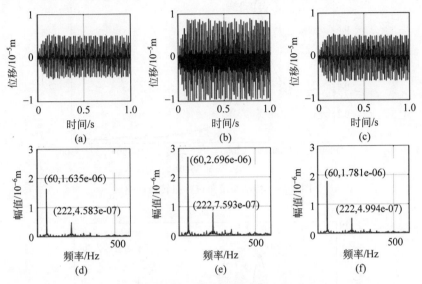

图 4-18　被动齿轮平面振动响应

(a) x 方向时域响应;(b) y 方向时域响应;(c) z 方向时域响应;
(d) x 方向频域响应;(e) y 方向频域响应;(f) z 方向频域响应

对比图 4-18(a)、(b)和(c)可以看出被动齿轮沿 y 轴(轴向)振动幅值最大,频域结果(图 4-18(d)、(e)和(f))表明被动齿轮沿坐标轴方向的振动同样在发动机二阶激励频率和齿轮啮合激励频率处存在峰值。

综上所述,系统的扭转振动和平面振动主要受发动机的二阶激励和齿轮啮合激励的影响,其中,发动机的激励是主要因素;相对于扭转振动响应来说,齿轮的啮合激励对齿轮的平面振动影响较大。

2. 理论结果与实验结果对比

上一节对于系统在某一转速下的振动响应进行了理论计算,讨论了外部激励和内部激励对振动响应的影响。本节讨论系统输入转速对系统振动响应的影响,分析在一系列转速下系统的动态响应。为了与实验条件保持一致,同样计算传动系统输入转速从 1000r/min 至 3500r/min 条件下的扭转振动响应,输入扭矩的波动扭矩大小为 100N·m,其中变速箱输出端和驱动桥输入端的角位移有效值的结果如图 4-19 所示。变速箱输出端角位移有效值比驱动桥输入端角位移有效值略大,随着转速的变化呈现出先增大后减小的趋势,都在 1725r/min 处达到峰值。

同时,对这两个部位的角加速度扫频结果也进行了计算,结果如图 4-20 所示。变速箱输出端和驱动桥输入端的角加速度变化趋势与对应的角位移变化趋势相似,两者分别在转速为 1731r/min 和 1730r/min 处达到峰值,与角位移峰值对应的转速 1725r/min 接近。为了与实验结果进行对比,提取 4.1.3 节图 4-4 中波动扭矩为 100N·m 对应的曲线,角位移有效值的对比结果如图 4-21 所示。

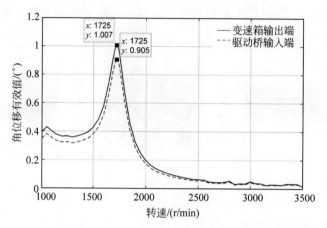

图 4-19　传动系统角位移扭转振动响应

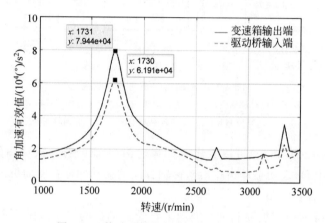

图 4-20　传动系统角加速度扭转振动响应

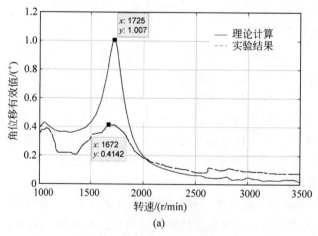

(a)

图 4-21　传动系统角位移有效值理论与实验结果对比

(a) 变速箱输出端；(b) 驱动桥输入端

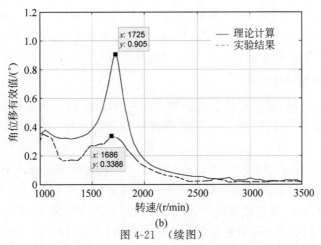

(b)

图 4-21 （续图）

图 4-21(a)中，变速箱输出端角位移有效值的实验结果和理论计算结果对应的峰值分别
为 0.4142° 和 1.007°，对应的转速分别为 1672r/min 和 1725r/min，理论与实验结果的峰值
对应转速相差 3.2%；如图 4-21(b)所示，驱动桥输入端角位移有效值峰值对应的转速，理
论与实验结果分别为 1725r/min 和 1686r/min，相差 2.3%。同时，对角加速度响应进行同
样的分析，其结果如图 4-22 所示。

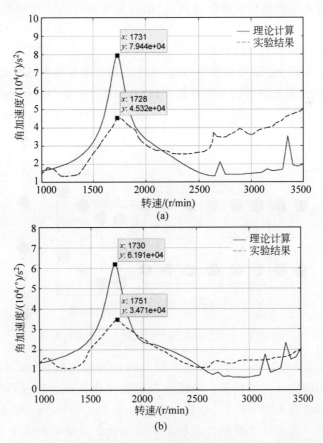

图 4-22 传动系统角加速度有效值理论与实验结果对比

(a) 变速箱输出端；(b) 驱动桥输入端

从图 4-22(a)中可以看出,变速箱输出端角位移峰值对应的转速,理论和实验结果分别为 1731r/min 和 1728r/min,理论与实验相差 0.2%;如图 4-22(b)所示,驱动桥输入端处对应的结果分别为 1730r/min 和 1751r/min,理论与实验相差 1.2%。

3. 传动系统振动特性分析

通过对系统的扫频,发现系统的扭转振动响应无论是理论计算结果还是实验结果都在 1700r/min 附近达到峰值,为了研究这种现象的产生原因,需要对系统振动特性进行分析。

AMESim(Advanced Modeling Environment for Performing Simulation of Engineering Systems)为多学科领域复杂系统建模仿真平台。用户可以在这个单一平台上建立复杂的多学科领域的系统模型,并在此基础上进行仿真计算和深入分析,也可以在这个平台上研究任何元件或系统的稳态和动态性能。例如在燃油喷射、制动系统、动力传动、液压系统、机电系统和冷却系统中的应用。面向工程应用的定位使得 AMESim 成为汽车、液压和航天航空工业研发部门的理想选择。由于 AMESim 软件具有众多优点,本书将利用该软件建立扭转振动仿真模型对振动特性进行分析。

本书主要从理论和仿真两个方面计算系统的各阶频率,理论方法是建立系统无阻尼自由状态下的扭转振动模型,通过直接计算得到系统的各阶频率;仿真的方法是使用 AMESim 软件建立系统的扭转振动仿真模型,输入与理论方法一致的参数,计算得到系统的固有频率。

1) 传动系统振动特性的理论分析

对 4.2.1 节中的集中质量模型进行修改,不考虑耦合部分的平面振动,只考虑其扭转振动,可以得到系统的无阻尼自由状态扭转振动模型,如图 4-23 所示。

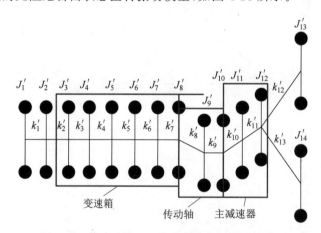

图 4-23 传动系统无阻尼自由状态扭转振动模型

该模型只考虑系统惯量和刚度的影响。图 4-23 中参数如表 4-7 所示。在该模型中,由于变速箱的齿轮间的扭转刚度以及齿轮轴的扭转刚度比其他转动元件的刚度大得多,因此认为齿轮间的刚度是无穷大的,在计算时可设置为 $10e+10N/m$,即 k_4'、k_6'、k_{10}' 和 k_{11}' 的数值均设置为此值。该系统无阻尼自由状态的振动微分方程可表示为

$$\begin{cases}
J'_1\ddot{\theta}'_1 + k'_1(\theta'_1 - \theta'_2) = 0 \\
J'_2\ddot{\theta}'_2 + k'_1(\theta'_2 - \theta'_1) + k'_2(\theta'_2 - \theta'_3) = 0 \\
J'_3\ddot{\theta}'_3 + k'_2(\theta'_3 - \theta'_2) + k'_3(\theta'_3 - \theta'_4) = 0 \\
J'_4\ddot{\theta}'_4 + k'_3(\theta'_4 - \theta'_3) + k'_4(\theta'_4 - \theta'_5) = 0 \\
J'_5\ddot{\theta}'_5 + k'_4(\theta'_5 - \theta'_4) + k'_5(\theta'_5 - \theta'_6) = 0 \\
J'_6\ddot{\theta}'_6 + k'_5(\theta'_6 - \theta'_5) + k'_6(\theta'_6 - \theta'_7) = 0 \\
J'_7\ddot{\theta}'_7 + k'_6(\theta'_7 - \theta'_6) + k'_7(\theta'_7 - \theta'_8) = 0 \\
J'_8\ddot{\theta}'_8 + k'_7(\theta'_8 - \theta'_7) + k'_8(\theta'_8 - \theta'_9) = 0 \\
J'_9\ddot{\theta}'_9 + k'_8(\theta'_9 - \theta'_8) + k'_9(\theta'_9 - \theta'_{10}) = 0 \\
J'_{10}\ddot{\theta}'_{10} + k'_9(\theta'_{10} - \theta'_9) + k'_{10}(\theta'_{10} - \theta'_{11}) = 0 \\
J'_{11}\ddot{\theta}'_{11} + k'_{10}(\theta'_{11} - \theta'_{10}) + k'_{11}(\theta'_{11} - \theta'_{12}) = 0 \\
J'_{12}\ddot{\theta}'_{12} + k'_{11}(\theta'_{12} - \theta'_{11}) + k'_{12}(\theta'_{12} - \theta'_{13}) + k'_{13}(\theta'_{12} - \theta'_{14}) = 0 \\
J'_{13}\ddot{\theta}'_{13} + k'_{12}(\theta'_{13} - \theta'_{12}) = 0 \\
J'_{14}\ddot{\theta}'_{14} + k'_{13}(\theta'_{14} - \theta'_{12}) = 0
\end{cases} \tag{4-15}$$

表 4-7 系统参数表

零部件名称	惯量/(kg·m²)	刚度/(N/m)
离合器输入端	$J'_1 = 0.05$	$k'_1 = 10\ 023.8$
离合器	$J'_2 = 0.380$	$k'_2 = 1640.25$
变速箱输入轴输入端	$J'_3 = 0.008\ 53$	$k'_3 = 50\ 162.7$
变速箱输入轴输出端	$J'_4 = 0.001\ 82$	
变速箱中间轴输入端	$J'_5 = 0.002\ 41$	$k'_5 = 270\ 095$
变速箱中间轴输出端	$J'_6 = 0.004\ 54$	
变速箱输出轴输入端	$J'_7 = 0.002\ 15$	$k'_7 = 44\ 483.9$
变速箱输出轴输出端和中间传动轴输入端	$J'_8 = 0.004\ 27$	
中间传动轴输出端和主传动轴输入端	$J'_9 = 0.003\ 42$	$k'_8 = 43\ 921.8$
主传动轴输出端和齿轮轴输入端	$J'_{10} = 0.001\ 76$	$k'_9 = 41\ 933.6$
主动齿轮	$J'_{11} = 0.000\ 111$	$k'_{10} = 10e+10$
被动齿轮	$J'_{12} = 0.0342$	
左半轴	$J'_{13} = 9.9$	$k'_{12} = 12\ 032.1$
右半轴	$J'_{14} = 9.9$	$k'_{13} = 12\ 032.1$

其矩阵形式即为

$$\boldsymbol{J}\ddot{\boldsymbol{\theta}} + \boldsymbol{K}\boldsymbol{\theta} = \boldsymbol{0} \tag{4-16}$$

将传动系统简化为多自由度的扭转振动模型,其惯量矩阵可表示为

$$\boldsymbol{J} = \mathrm{diag}(J'_1 \quad J'_2 \quad J'_3 \quad \cdots \quad J'_{14}) \tag{4-17}$$

刚度矩阵表示为

$$\boldsymbol{K} = \begin{bmatrix} k'_1 & -k'_1 & 0 & \cdots & 0 & 0 & 0 \\ -k'_1 & k'_1 + k'_2 & k'_2 & 0 & \cdots & 0 & 0 \\ 0 & -k'_2 & k'_2 + k'_3 & k'_3 & 0 & \cdots & 0 \\ \vdots & \vdots & \vdots & \vdots & \vdots & \vdots & \vdots \\ 0 & 0 & \cdots & -k'_{11} & k'_{11} + k'_{12} + k'_{13} & -k'_{12} & -k'_{13} \\ 0 & 0 & \cdots & \cdots & -k'_{12} & k'_{12} & 0 \\ 0 & 0 & 0 & \cdots & -k'_{13} & 0 & k'_{13} \end{bmatrix} \tag{4-18}$$

式(4-16)解的形式为

$$\theta_i = A_i \sin(\omega_i t + \phi_i) \tag{4-19}$$

将式(4-17)与式(4-18)代入式(4-16)中得

$$(\boldsymbol{K} - \omega^2 \boldsymbol{J})\boldsymbol{A} = \boldsymbol{0} \tag{4-20}$$

式中,ω 为系统的固有频率;A 为对应的振幅列向量。使用 MATLAB 软件对方程进行求解,并将频率从小到大进行排列可以得到系统的各阶频率。系统前四阶固有频率如表 4-8 所示。

表 4-8 理论计算固有频率结果

阶数	1	2	3	4
频率/Hz	5.913	9.5668	57.71	100.37

根据表中的计算结果可以看出,系统的三阶固有频率为 57.71Hz,与系统角位移扫频曲线峰值对应的激励频率 57.5Hz 接近,由此可以说明使用集中质量法建立的系统无阻尼自由状态下的扭转振动模型与 4.2.1 节中的模型具有相似的振动特性。为了验证计算的正确性,本节另外使用 AMESim 软件建立了系统相应的扭转振动模型,做了相同的计算。

2)传动系统振动特性的仿真分析

使用集中质量法,基于 AMESim 软件搭建与理论计算相同的仿真模型对传动系统进行分析,系统模型如图 4-24 所示。

模型中符号与参数说明如表 4-9 所示。

表 4-9 AMESim 模型符号及参数说明

图 形	序 号	部 件	参 数 说 明
	1、3、5、7、10、12、15、26、27	集中惯量点	其参数与 4.2.1 节中参数一致
	2、4、6、9、11、14、16、18、20、24、25	弹簧阻尼和刚度	其参数与 4.2.1 节中参数一致
	8、13	减速器	分别为变速箱两对齿轮传动比

续表

图 形	序 号	部 件	参 数 说 明
	17、19、21	万向节	k 为主动叉与从动叉的夹角,万向节两端的轴的集中惯量已等效至万向节两端
	22	锥齿轮	包含转动惯量、齿侧间隙和啮合刚度参数
	23	扭转连接点	将被动齿轮的扭矩传递到左、右轮

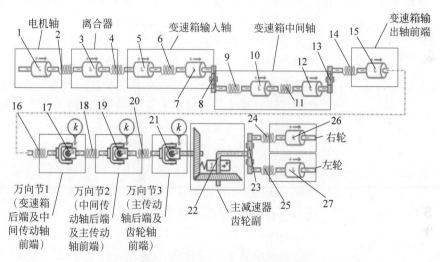

图 4-24　传动系统 AMESim 仿真模型

使用该软件可以计算无阻尼自由振动状态下系统的各阶固有频率,仿真结果与理论计算结果的对比如表 4-10 所示。

表 4-10　仿真结果与理论计算结果对比

阶 数	1	2	3	4
理论计算值/Hz	5.913	9.5668	57.71	100.37
仿真值/Hz	5.548	9.151	57.149	168.920
相对误差/%	6.58	4.55	0.98	40.58

将理论计算结果与仿真结果进行对比可以看出,仿真结果的三阶固有频率为 57.149Hz,与理论计算值的相对误差为 0.98%,由此表明理论模型的正确性。同时,计算结果表明传动系统在 1700r/min 附近产生峰值,对应的激励频率为 56.7Hz,这一结果与系统的三阶频率接近,进一步说明了该系统在转速为 1700r/min 附近会出现较大扭转振动是因为该转速对应的发动机二阶激励频率与系统的三阶频率接近引起系

统的共振。

4．系统参数敏感度分析及优化设计

由前述章节的分析可以看出,传动系统在某些情况下存在较大的振动,这种振动会对驾乘人员乘坐汽车的舒适性产生一定的影响。同时,系统振动的理论模型已经建立并且通过仿真和实验得到验证,表明该理论模型具有一定的正确性,能够用来研究汽车传动系统的振动响应。本节主要分析系统参数对振动响应的敏感度,找出对系统振动影响较大的参数,研究敏感参数对系统振动影响的变化规律,并使用粒子群算法对敏感参数进行优化达到减振的目的,为传动系统振动研究提供参考。

1）系统参数敏感度分析

在汽车零部件生产制造的过程中,传动系统的各参数与理论的设计参数必然存在一定的差异,这种差异会随着制造误差、车辆的工况和外部环境等因素的变化而不断变化,使传动系统的振动响应无法用确定性结果进行分析。因此,本节从不确定性的角度探讨汽车传动系统参数敏感度对系统振动响应的影响,使得参数在一定范围内变动的情况下传动系统的振动响应能控制在一定的水平之内。根据 4.2 节的分析可知,传动系统有大量的参数,众多参数会大大增加不确定性分析和优化的计算量,然而并不是所有的参数对系统的振动都有显著的影响,因此本节主要粗略计算各参数对系统振动的影响,提取对系统振动影响较大的参数逐一进行后续分析。在传动系统中,由于变速箱和主减速器的传动比是一定的而且精度很高,不会随着制造工艺和环境的变化而变化,而且发动机的输出扭矩对扭转振动的影响为线性比例关系,其影响为确定性关系,因此,在分析计算的过程中可以不考虑传动比和发动机输出扭矩的不确定性。

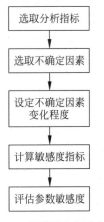

图 4-25　敏感度分析流程图

本节敏感度分析流程如图 4-25 所示。其中,敏感度指标反映不确定因素对分析指标影响的敏感程度。敏感度系数越高,敏感程度越高,计算公式为

$$E = \beta \frac{\Delta A}{\Delta F} \tag{4-21}$$

式中,E 为评价指标 A 对因素 F 的敏感度系数;ΔF 为不确定因素 F 的变化率,%;ΔA 为不确定因素 F 变化量为 ΔF 时,指标 A 的变化率,%;β 为比例因子,可以取不同的值,使所有结果具有相似的数量级。

本书主要对系统的扭转振动和齿轮的平面振动进行分析,由于扭转振动的传递路径均为串联,各部件的变化大小都是线性比例的关系,因此以驱动桥输入端的扭转振动结果进行分析;齿轮的平面振动有三个方向,而且三个方向具有一定的独立性,因此,对主、被动齿轮的三个方向都进行分析。

现以齿侧间隙为不确定性因素,以驱动桥输入端的扭转振动为分析指标进行敏感度分析。齿侧间隙设计值为 0.15mm,此时,驱动桥输入端角位移有效值为 0.9996°;在设计值基础上增加 50%,计算出来的驱动桥输入端角位移幅值为 0.9908°,其变化率为 -0.88%,取比例因子为 1,那么,齿侧间隙对驱动桥输入端角位移有效值的敏感度系数为 -0.0176。使用这种方法,得到其他参数的敏感度系数计算结果如表 4-11 所示。

表 4-11 系统参数敏感度分析

参数 \ 分析指标	驱动桥输入端	主动齿轮 x 方向	主动齿轮 y 方向	主动齿轮 z 方向	被动齿轮 x 方向	被动齿轮 y 方向	被动齿轮 z 方向
飞轮惯量	−0.9411	−0.9123	−0.9464	−0.9123	−0.9119	−0.9023	−0.9063
中间传动轴惯量	0.0040	0.0108	0.0126	0.0122	0.0109	−0.0004	0.0108
主传动轴惯量	−0.0027	0.0340	0.0366	0.0366	0.0266	−0.1010	0.0265
半轴惯量	−0.0066	−0.0152	−0.0143	−0.0141	−0.0164	−0.0192	−0.0152
飞轮刚度	−0.0084	−0.0022	−0.0031	−0.0030	−0.0022	−0.0038	−0.0022
中间传动轴刚度	−0.0006	−0.0001	−0.0007	−0.0001	−0.0004	−0.0014	−0.0004
主传动轴刚度	0.0112	−0.0036	−0.0006	−0.0001	−0.0090	−0.0842	−0.0090
半轴刚度	−0.0013	0.0012	0.0012	−0.0013	0.0012	−0.0015	−0.0006
齿侧间隙	−0.0176	0.0263	0.0352	0.0309	0.0257	−0.0045	0.0258
轴承安装距离	−0.0001	0.0195	−0.8566	−0.3032	0.0213	0.0322	0.0213
齿轮偏置距离	0.0439	−0.2383	−0.2350	−0.2360	−0.2350	−0.2400	−0.2342
万向节 1 角度	0.0123	−0.0013	−0.0011	−0.0012	−0.0003	−0.0012	−0.0003
万向节 2 角度	0.0075	0.0011	0.0013	0.0012	0.0014	0.0005	0.0014
万向节 3 角度	0.0069	0.0014	0.0028	0.0026	0.0014	0.0005	0.0014

表 4-11 中所示为系统的惯量、刚度和结构参数对分析指标的敏感系数,其绝对值越大表明该参数对分析指标影响越明显,其中负号表示该参数的增加使振动响应减小。通过表中数据可以看出飞轮惯量和齿轮安装偏置距离对系统的振动响应影响显著,轴承安装距离仅对主动齿轮沿 y 和 z 方向的影响较大,因此选取飞轮惯量和齿轮安装偏置距离作为不确定影响参数。由于上述分析中参数范围变化较大,不能体现参数变化引起系统振动响应的规律,因此需要对参数进行进一步分析。

2) 系统振动响应仿真

基于所建立的模型,可以使用蒙特卡洛仿真在短时间内得到足够精确的参数估计值。使用此方法的目的是明确参数变化引起响应变化的规律。传动系统参数的不确定性分布的特点有:在生产制造过程中,传动系统参数的均值符合正态分布;在检测过程中,偏离设计值过多的产品会被认定为不合格产品。因此,传动系统的参数不确定性既具有概率模型的特点,也具有区间模型的特点。本书以截断概率模型描述传动系统的设计参数来描述其不确定性。

对于一个正态分布的概率密度函数 $f_X(x)$ 来说,其截断概率密度函数 $f'_X(x)$ 可表示为

$$f'_X(x) = \begin{cases} a f_X(x), & x^{\mathrm{L}} \leqslant x \leqslant x^{\mathrm{R}} \\ 0, & x < x^{\mathrm{L}} \text{ 或 } x > x^{\mathrm{R}} \end{cases} \tag{4-22}$$

式中,x^{R} 和 x^{L} 分别为参数 x 的上下界;a 为截断概率密度函数的放大因子。正态分布与截断正态分布概率密度函数如图 4-26 所示。

放大因子 a 的取值范围必须保证概率密度函数在上下限范围积分值为 1,因此,a 可以表示为

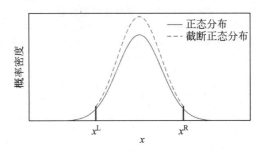

图 4-26 正态分布与截断正态分布概率密度函数

$$a = \frac{1}{\int_{-\infty}^{x^R} f_X(x)\mathrm{d}x - \int_{-\infty}^{x^L} f_X(x)\mathrm{d}x} = \frac{1}{F_X(x^R) - F_X(x^L)} \tag{4-23}$$

式中，$F_X(x)$ 为随机分布的累计分布函数。那么截断正态分布的累积分布函数可以表示为

$$F'_X(x) = \begin{cases} 0, & x < x^L \\ \dfrac{F_X(x) - F_X(x^L)}{F_X(x^R) - F_X(x^L)}, & x^L \leqslant x \leqslant x^R \\ 1, & x > x^R \end{cases} \tag{4-24}$$

对于该截断正态分布模型来说，有 4 个参数需要确定，分别为均值 μ、标准差 σ 和上下界 x^R、x^L。其中，均值即为参数的设计值；标准差由参数的实际分布进行选取；上下界通过生产标准进行确定。但是对于实际的工程问题来说，上下界通常没有明确的标准，因此，本书采用等效累积分布函数方法选取截断概率分布模型的上下界。在等效累积分布函数方法中，累计分布函数被截断的两部分是相等的，因此有

$$r = F_X(x^L) = 1 - F_X(x^R) \tag{4-25}$$

式中，r 为截断概率分布的截断比。

用 φ^{-1} 表示正态累计分布函数的反函数，则截断分布的上下界限可以表达为

$$\begin{cases} x^R = \phi^{-1}(r) + \mu \\ x^L = \phi^{-1}(1 - r) + \mu \end{cases} \tag{4-26}$$

截断概率分布的概率密度函数可表示为

$$f'_X(x) = \begin{cases} \dfrac{f_X(x)}{1 - 2r}, & x^L \leqslant x \leqslant x^R \\ 0, & x < x^L \text{ 或 } x > x^R \end{cases} \tag{4-27}$$

截断概率分布的累积分布函数可表示为

$$F'_X(x) = \begin{cases} 0, & x < x^L \\ \dfrac{F_X(x) - r}{1 - 2r}, & x^L \leqslant x \leqslant x^R \\ 1, & x > x^R \end{cases} \tag{4-28}$$

综上所述，若已知正态分布的均值和标准差，只要给定截断比就可以计算出截断概率分布的概率密度函数和累积分布函数。

根据上述分析，选取的截断概率分布函数的参数如表 4-12 所示。

表 4-12　截断概率分布函数参数

参数	均值	标准差	下界	上界
飞轮惯量/(kg·m²)	0.38	0.019	0.342	0.418
偏置距离/mm	38	0.19	34.2	41.8

　　按表 4-12 中的参数分布使用该模型进行理论计算,每个参数分别采样 1000 组数据,得到飞轮惯量对系统的振动响应统计结果如表 4-13 所示。

表 4-13　飞轮惯量对系统振动响应统计结果

参　　数	均　　值	标　准　差	下　　界	上　　界
驱动桥输入端响应/(°)	1.0062	0.0678	0.8635	1.1707
主动齿轮 x 方向位移/m	1.8775e-06	1.2154e-07	1.6225e-06	2.1713e-06
主动齿轮 y 方向位移/m	4.5525e-07	2.9209e-08	3.9416e-07	5.2577e-07
主动齿轮 z 方向位移/m	8.9153e-07	5.7419e-08	7.7133e-07	1.0301e-06
被动齿轮 x 方向位移/m	1.8678e-06	1.2114e-07	1.6129e-06	2.1606e-06
被动齿轮 y 方向位移/m	1.2688e-06	8.4518e-08	1.0892e-06	1.4718e-06
被动齿轮 z 方向位移/m	2.9497e-06	1.9131e-07	2.5472e-06	3.4121e-06

　　以飞轮惯量为设计变量时,驱动桥输入端角位移有效值的标准差为 0.0678°,其值分布在 0.8635° 和 1.1707° 之间。同理,偏置距对系统的振动响应统计结果如表 4-14 所示。

表 4-14　偏置距对系统振动响应统计结果

参　　数	均　　值	标　准　差	下　　界	上　　界
驱动桥输入端响应/(°)	1.0034	0.0028	0.9951	1.0183
主动齿轮 x 方向位移/m	1.8693e-06	2.5876e-08	1.8125e-06	1.9299e-06
主动齿轮 y 方向位移/m	4.5333e-07	6.1869e-09	4.3972e-07	4.6788e-07
主动齿轮 z 方向位移/m	8.8777e-07	1.2176e-08	8.6096e-07	9.1641e-07
被动齿轮 x 方向位移/m	1.8598e-06	2.5485e-08	1.8041e-06	1.9197e-06
被动齿轮 y 方向位移/m	1.2664e-06	1.7440e-08	1.2286e-06	1.30721e-06
被动齿轮 z 方向位移/m	2.9370e-06	4.0099e-08	2.8495e-06	3.0314e-06

　　可以看出,在以齿轮安装偏置距离为设计变量时,驱动桥输入端角位移有效值标准差为 0.0028°,对比飞轮惯量为设计变量时,该值要小得多,说明飞轮惯量的变化对扭转振动响应的变化更为明显。同理,对齿轮的振动统计量进行分析可以得到相同的结论。此外,飞轮惯量的变化会引起齿轮沿各个方向的振动发生相同的变化,偏置距也是如此。

　　综合参数敏感度分析和不确定分析可知,飞轮惯量和齿轮安装偏置距离对系统的振动响应结果非常敏感,尤其是飞轮惯量,进一步说明系统参数的制造误差、内部激励和外部激励等因素的变化会引起系统振动响应大范围波动。因此,对这两个参数需要进行优化重新设计,以保证系统振动响应的稳定性。

3) 粒子群算法对系统振动响应的优化设计

由上一节分析可知,飞轮惯量和齿轮偏距的大小对系统的扭转振动和平面振动影响较大,因此,使用合理的方法对这两个参数进行优化便能有效降低系统的振动响应。本节使用粒子群优化算法(particle swarm optimization,PSO)将这两个参数作为变量,每个参数的上下限作为边界条件,以系统的响应作为目标函数,将目标函数的最小值作为优化目的,此时的参数即为最优参数。其简要表达式如式(4-29)所示:

$$\begin{cases} \text{find} & \boldsymbol{x} \\ \min & f(\boldsymbol{x}, \boldsymbol{p}) \\ \text{s. t.} & \boldsymbol{x}^{\mathrm{L}} \leqslant \boldsymbol{x} \leqslant \boldsymbol{x}^{\mathrm{R}} \end{cases} \tag{4-29}$$

式中,$\boldsymbol{x}$ 为优化设计变量向量;$\boldsymbol{p}$ 为优化参数向量;f 为目标函数;$\boldsymbol{x}^{\mathrm{R}}$ 和 $\boldsymbol{x}^{\mathrm{L}}$ 分别为设计变量的上下界。首先就本节使用的粒子群算法进行简要说明。

粒子群优化算法的基本思想是通过群体中个体之间的协作和信息共享来寻找最优解,该算法流程如图 4-27 所示。

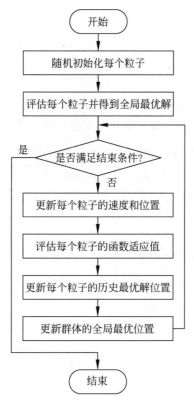

图 4-27　粒子群优化算法流程图

粒子群优化算法,首先通过计算机初始化为一群随机粒子,即为随机解,然后通过迭代找到最优解。在每次迭代过程中,粒子通过跟踪全局极值和局部极值来不断地更新,在找到两个最优值后,粒子通过下面的公式来更新自己的速度和位置:

$$\begin{cases} v_i = \omega \times v_i + c_1 \times \text{rand}() \times (\text{pbest}_i - x_i) + c_2 \times \text{rand}() \times (\text{gbest}_i - x_i) \\ x_i = x_i + v_i \end{cases} \tag{4-30}$$

式中,$i=1,2,3,\cdots,N$,N 为此群中粒子的总数;v_i 为粒子的速度;x_i 为粒子的当前位置,x_i 的最大值为 X_{max},如果 $x_i > V_{max}$,那么 $v_i = V_{max}$;rand() 是介于(0,1)之间的随机数;c_1 和 c_2 为学习因子,通常取 $c_1 = c_2 = 2$;ω 为惯性因子,其值越大,则全局寻优能力越强,局部寻优能力越弱,反之,全局寻优能力越弱,局部寻优能力越强。式中第一个式子的第一项为记忆项,表示上次迭代的速度大小和方向;第二项为自身认知项,是从当前点到粒子自身最优点的一个矢量,表示粒子的动作来源于自己的经验部分;第三项为群体认知项,是一个从当前点指向种群最优点的矢量,反映了粒子间的协同合作和共享的能力。

根据粒子群优化算法的思想可以使用 MATLAB 软件编写相应的程序达到找出最优结果的目的。在初始化过程中粒子群数目设置为 10,其上下界取表 4-14 中参数,迭代次数为 20 次;分别以主减速器壳沿主动齿轮 x 轴方向的振动响应和驱动桥输入端角位移振动响应为目标函数,计算完毕之后可以得到如图 4-28 所示的结果。

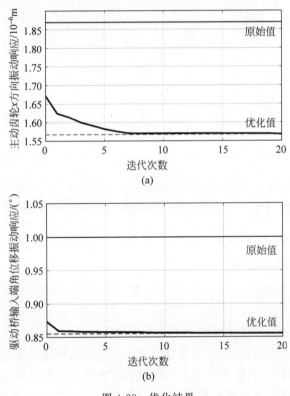

图 4-28 优化结果
(a) 主动齿轮 x 方向振动响应结果;(b) 驱动桥输入端振动响应结果

如图 4-28(a)所示,随着迭代次数的增加,主动齿轮 x 方向的振动位移有效值呈明显减小的趋势,第零次的数值为初始化值,当迭代次数分别为 7 次之后,主动齿轮沿 x 方向的振动响应有效值基本趋于稳定状态,可以认定当迭代次数为 20 次时,目标函数到达最小值,即为优化结果;如图 4-28(b)所示,驱动桥输入端角位移有效值在迭代 10 次之后也基本趋于稳定,因此,认为迭代 20 次时,驱动桥输入端角位移有效值达到最小。优化前、后的时域结果对比如图 4-29 所示。

如图 4-29(a)所示,优化后的主动齿轮沿 x 方向振动响应的波动区间有所收窄,优化前齿轮平面振动有效值为 1.8689×10^{-6} m,优化后有效值为 1.5679×10^{-6} m,对比可知优化后

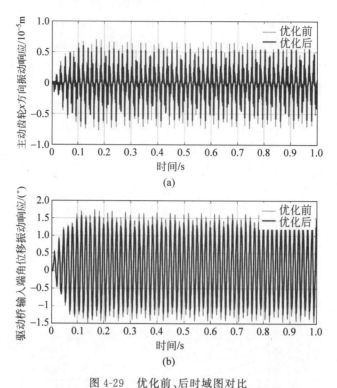

图 4-29　优化前、后时域图对比
（a）主动齿轮 x 方向振动响应结果；（b）驱动桥输入端角位移振动响应结果

的值下降 16.1%；如图 4-29（b）所示，驱动桥输入端的角位移振动响应波动区间也有所收窄，优化前扭转振动有效值为 0.9996°，优化后有效值为 0.8569°，优化后的值下降 14.3%。

4.2.3　基于 ADAMS 的传动系统动力学仿真分析

1. 动力学仿真模型的建立

在建立 ADAMS 虚拟样机模型之前，为了保持后续仿真的准确性，对导入的模型作如下简化：

（1）忽略动力传动系统中各零部件的误差影响；

（2）忽略差速器的差速作用，将差速器与被动齿轮相连作为一个整体进行分析；

（3）忽略由主减速器壳体、驱动桥壳体声辐射导致的声固耦合影响；

（4）柔性化零部件只考虑细长轴，即传动轴及半轴。

根据所研究车型变速箱、传动轴、驱动桥的三维模型建立并装配总成模型，由于原始模型零部件众多，为了便于仿真分析，去除螺栓等连接件，同时简化万向节和圆锥滚子轴承模型，简化后的系统完整零部件包括模拟电机、飞轮离合器、变速箱输入轴、中间轴、输出轴、万向节轴叉、十字轴、前后传动轴、法兰、主减速器壳体、轴承及齿轮副、差速器总成、半轴及轮毂等。

将三维建模软件生成的 X_T 文件导入 ADAMS 中，并将 ADAMS 中的刚性传动轴及半轴替换为柔性体，其方法是将传动轴及半轴导入 Hypermesh 中进行模态处理，导出为 MNF 模态，并替换 ADAMS 模型中的刚性轴。根据传动系统的动力传递特性，给各构件添加约束、运动驱动、负载，建立动力传动系统刚柔耦合动力学仿真模型如图 4-30 所示。

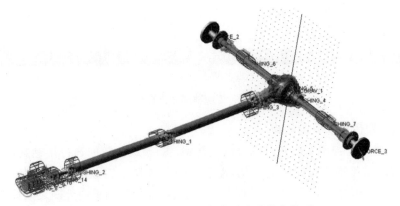

图 4-30 传动系统刚柔耦合动力学仿真模型

1) 变速箱部分的约束

用圆盘模拟电机、飞轮、离合器、变速箱输入轴齿轮、中间轴齿轮、输出轴齿轮,使用连接轴模拟变速箱输入轴、中间轴、输出轴,分别给各个模拟件赋予质量和转动惯量,在各个部件之间添加阻尼器(bushing)模拟扭转刚度,其值与理论部分计算得到的数值保持一致。定义齿轮副,即输入轴与中间轴齿轮用齿轮副连接,设定传动比为 1.536;中间轴与输出轴用齿轮副连接,设定传动比为 0.879,从而模拟变速器三挡的总传动比为 1.35。定义完各约束后变速箱部分仿真模型如图 4-31 所示。

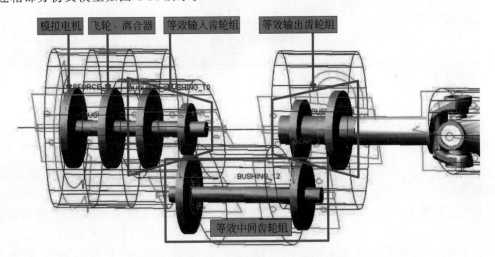

图 4-31 变速箱部分仿真模型

2) 传动轴部分的约束

在传动轴输入端与变速箱输出端之间施加固定约束,在三个万向节处均用两个旋转副替代万向传动,在第 1 个万向节输出端与传动轴输入端添加一个旋转副,并且用 bushing 连接,给传动轴施加扭转刚度;用 bushing 模拟中间支承的刚度及阻尼,即在传动轴中间支承处施加一个与大地固定连接的 bushing 约束,其三个方向支承刚度值与阻尼值为中间支承的刚度值与阻尼值;主传动轴输出端与第 3 个万向节输入端的连接同第 1 个万向节的设置,并通过法兰与主减速器的主动齿轮相连,施加固定副。建立好的虚拟样机模型如图 4-32 所示。

图 4-32　传动轴部分仿真模型

3）主减速器齿轮部分的约束

主、被动齿轮处均添加绕各自轴线的旋转副，主、被动齿轮间通过接触副（contact）模拟实际啮合，忽略差速器总成的差速作用，差速器壳与被动齿轮添加固定约束。轴承内圈与主、被动齿轮支承轴添加固定约束，外圈与主减速器壳固定，轴承内外圈之间设置旋转副，并将滚子简化为环与内外圈分别设置接触。建立好的虚拟样机模型以及主、被动齿轮间接触副的设置如图 4-33 所示。

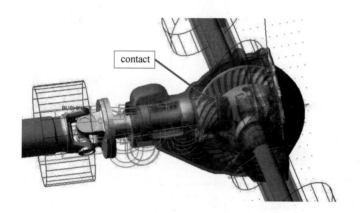

图 4-33　主减速器齿轮部分仿真模型

对于主、被动齿轮以及轴承内外圈之间接触副的添加，可根据接触特性选择 Impact 函数，同时对接触刚度、力指数、阻尼及切入深度等参数进行设置。

（1）接触刚度（stiffness）、阻尼（damping），按照前述计算的齿轮和轴承的等效刚度及阻尼取值；

（2）力指数（force exponent），是用来衡量材料刚度对接触力贡献大小的指数，一般取 1.5；

（3）切入深度（penetration depth），是当接触阻尼达到最大值时的接触深度，取 0.1mm。

对于摩擦力（friction force）的选择有 Coulomb、None 和 User Defined 三种情况，仿真摩擦力选用库仑法（Coulomb），其参数介绍及选取如下：

（1）静态系数 μ_s，相当于静摩擦系数，取值范围一般为 $\mu_s \geq 0$，取 $\mu_s = 0.08$；

（2）动态系数 μ_d，为动摩擦力与法向力的比值，取值范围一般为 $0 \leq \mu_d \leq \mu_s$，取 $\mu_d = 0.05$；

（3）静态滑移速度 v_s，是达到静态系数时的速度值，一般 $v_s \geq \text{Error}$（Error 为积分误差），取 $v_s = 1\text{m/s}$；

（4）动态滑移速度 v_d，取动态系数时的速度值，一般 $v_d \geqslant 5\mathrm{Error}$，$v_d \geqslant v_s \geqslant 0$，取 $v_d = 10\mathrm{m/s}$。

4）半轴部分的约束

为与理论模型一致，半轴与差速器总成之间用 bushing 连接，并施加扭转刚度，轮毂通过固定副与半轴连接，轮毂可绕自身轴线旋转，设置一个相对大地的旋转副，轴管与主减速壳固定，且相对于地面给一绕 y 轴（整车坐标系）的微小扭转刚度。建立好的虚拟样机模型如图 4-34 所示。

图 4-34　半轴部分仿真模型

5）驱动和负载设置

（1）转速输入

仿真模拟的是变速箱三挡下的扫频特性分析，输入转速采用 step 函数，其详细含义在扭矩输入中介绍，以 1500r/min 为例，1.2s 加速至稳定转速 1500r/min，单位为（°）/s，换算后就是 $360d \times 1500/60$，即

$$\mathrm{step}(\mathrm{time}, 0, 0d, 1.2, 360d * 1500/60) \tag{4-31}$$

（2）驱动与负载设置

发动机输出力矩包含常扭矩和波动扭矩两部分。为防止驱动扭矩的突变引起仿真的不稳定，采用 step 函数使驱动力矩逐渐增大，其表达式为

$$\mathrm{step}(\mathrm{time}, t_0, T_0, t_{\mathrm{end}}, T_{\mathrm{end}}) = \begin{cases} T_0, & \mathrm{time} \leqslant t_0 \\ h_0 + \dfrac{\mathrm{time} - t_0}{t_{\mathrm{end}} - t_0} \cdot (T_{\mathrm{end}} - T_0), & t_0 < \mathrm{time} < t_{\mathrm{end}} \\ T_{\mathrm{end}}, & \mathrm{time} \geqslant t_{\mathrm{end}} \end{cases}$$

$$\tag{4-32}$$

式中，time 为系统时间函数；t_0 为驱动力矩开始施加时刻；t_{end} 为驱动力矩停止变化时刻；T_0 为 t_0 时刻对应的驱动力矩；T_{end} 为 t_{end} 时刻对应的驱动力矩；step 函数表示从 t_0 到 t_{end}，驱动力矩从 T_0 逐渐变化到 T_{end}，此后驱动力矩维持 T_{end} 不变。设置停止变化时驱动力矩的表达式为

$$T_{\mathrm{end}} = T_s + T_v \sin(2\pi f \cdot \mathrm{time}) \tag{4-33}$$

式中，T_s 为常扭矩；T_v 为波动扭矩；f 为波动力矩频率。若模拟发动机二阶激励下的扫频分析，则此处 $f = n/30$，n 为输出转速。

以常扭矩为 150N·m、波动扭矩为 100N·m 为例，模拟发动机二阶输出，则驱动扭矩输入函数为

$$\text{step}(\text{time},0,0d,1.2,(150\ 000+100\ 000*\sin(2*360d*1500/60*\text{time})))\qquad(4\text{-}34)$$

对于负载扭矩的设置,将负载力矩 T_R 设置为驱动转速的函数,其目的是当负载转速与输入转速相等时使负载与驱动扭矩达到平衡,系统稳定在恒定转速,函数表达式为

$$T_R = Tii_g \cdot \frac{\omega}{\omega_0}\qquad(4\text{-}35)$$

式中,i 为变速箱三挡速比; i_g 为主减速器减速比; ω_0 为目标恒定转速; ω 为仿真中实时测得的系统输入转速。此函数表示负载力矩 T_R 随着输入转速的增大而增大,当达到目标转速 ω_0 稳定后,负载力矩与驱动力矩 T 平衡。

以转速 1500r/min 为例,左右轮负载函数表达式为

$$-\frac{1}{2}\text{MEA}*1.35*4.1*\frac{\text{MEA}'}{360d*1500/60}\qquad(4\text{-}36)$$

式中,MEA 为添加的一个测量点,即实时测得的驱动力矩; MEA' 为添加的另一个测量点,即实时测得的输入转速。当转速达到 1500r/min 时,负载力矩与驱动力矩平衡。

2. 模型验证

为保证仿真模型的正确性,在完成仿真模型各参数的设定之后,需对模型进行验证。设定仿真模型的输入驱动转速为 1500r/min,仿真时长为 2.0s,仿真步长设置为 0.0002s,当仿真时间持续到 1.2s 后,输入转速、主/被动齿轮角速度达到了稳定,提取相应的仿真结果如图 4-35 所示。

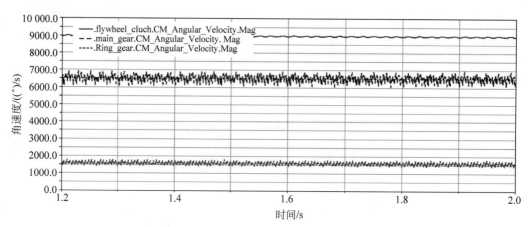

图 4-35 仿真结果

根据动力传动系统结构可知,变速箱三挡速比为 1.35,主、被动齿轮的传动比为 4.1,以转速为 1500r/min 的仿真为例,速度输出应满足以下关系:

$$\begin{cases}\omega_{\text{飞轮}}=1500\ \text{r/min}=1500\times360(°)/60\text{s}=9\ 000(°)/\text{s}\\ \omega_{\text{主齿}}=9000/1.35\approx6\ 666.7(°)/\text{s}\\ \omega_{\text{被齿}}=6666.7/4.1\approx1626(°)/\text{s}\end{cases}\qquad(4\text{-}37)$$

从图 4-35 中可以发现,各部件转速与理论计算值吻合得较好,验证了理论模型的正确性。另外,主、被动齿轮齿数分别为 10 和 41,如果考虑主、被动齿轮啮合频率,则啮合频率为

$$f_{啮合} = \frac{1500/1.35}{60}10\mathrm{Hz} = 185.2\mathrm{Hz} \tag{4-38}$$

仿真得到主、被动齿轮啮合力频域图如图 4-36 所示。

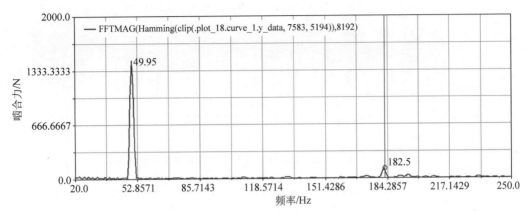

图 4-36 主、被动齿轮啮合力频域图

仿真得到两个明显的峰值,一个是 49.95Hz,此频率为二阶响应频率,理论计算得到的数值为 50Hz,相对误差为 1%;另一个是啮合力频率,为 182.5Hz,理论啮合频率为 185.2Hz,相对误差为 1.6%。

根据以上分析可知,仿真得到的数据与实际情况吻合得较好,从而验证了仿真模型的有效性与正确性。

下面从加速度层面进一步分析主减速器齿轮特性对扭转振动响应的影响[30],模拟转速为 1500r/min、波动扭矩为 100N·m 时的扭转振动响应,进行扫频分析。

仿真设置中,分别在指定位置(后续实验测点)添加 Marker 点,设置仿真时长为 2.0s,提取稳定阶段 1.2~2.0s 时对应的角加速度响应曲线,可得到变速箱输出端和驱动桥输入端的结果。

1) 变速箱输出端

转速为 1500r/min 时变速箱输出端角速度时域结果如图 4-37 所示。

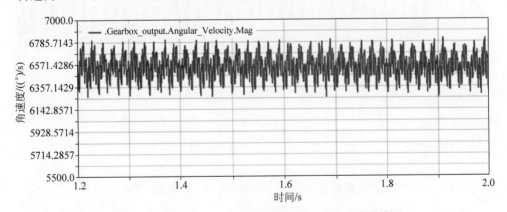

图 4-37 转速为 1500r/min 时变速箱输出端角速度时域图

转速为 1500r/min 时变速箱输出端角加速度时域结果如图 4-38 所示。

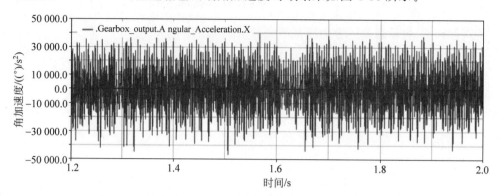

图 4-38　转速为 1500r/min 时变速箱输出端角加速度时域图

转速为 1500r/min 时变速箱输出端角加速度频域结果如图 4-39 所示。

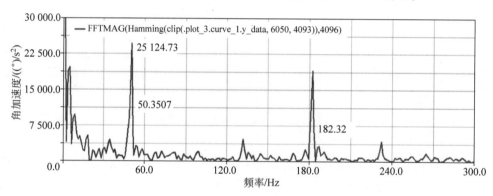

图 4-39　转速为 1500r/min 时变速箱输出端角加速度频域图

2）驱动桥输入端

转速为 1500r/min 时驱动桥输入端角速度时域结果如图 4-40 所示。

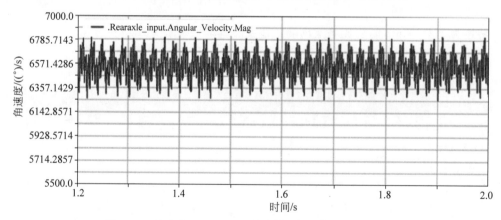

图 4-40　转速为 1500r/min 时驱动桥输入端角速度时域图

转速为 1500r/min 时驱动桥输入端角加速度时域结果如图 4-41 所示。

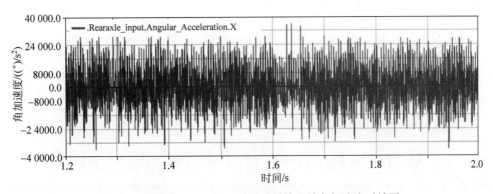

图 4-41　转速为 1500r/min 时驱动桥输入端角加速度时域图

转速为 1500r/min 时驱动桥输入端角加速度频域结果如图 4-42 所示。

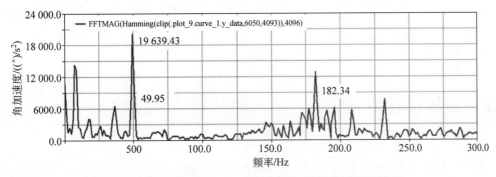

图 4-42　转速为 1500r/min 时驱动桥输入端角加速度频域图

由图可知,变速箱输出端、驱动桥输入端在角速度上保持速比关系,对角加速度进行傅里叶变换后可以发现存在两个明显的峰值,分别在 50Hz 及 182Hz 附近,这与理论计算的频率吻合得较好。此外,二阶扭转幅值也从 25 124.73(°)/s² 降低至 19 639.43(°)/s²,此结果进一步验证了仿真模型的正确性。

第5章

基于Python的传动系统智能设计

5.1 智能设计概述

5.1.1 智能设计的定义和特点

智能设计是指应用现代信息技术,采用各种计算模式模拟人类的思维活动,提高以计算机为代表的各种机器的智能水平,从而使机器能够更多、更好地承担设计任务。智能设计是一种创新设计的理论和方法,或是一种新型的设计观与方法论。总之,智能化的设计就是智能设计。更科学的定义还需不断完善与得到实践检验。

智能设计具有以下特点[31]:

(1) 以设计思维和方法为指导,通过设计方法学对工业设计的本质、过程、思维等方面进行大数据分析和智能化研究,这是智能设计模拟人工设计的基础;

(2) 以人工智能为手段,以大数据分析为基础,结合机器学习算法、人工神经网络、遗传算法和深度学习等人工智能技术,支持设计全过程的智能化;

(3) 利用各种设计软件和数据进行优化设计,利用有限元分析和图形仿真等功能进行设计验证结果输出;

(4) 集成智能化技术支持制造类软件和数据的集成,提供符合设计逻辑的标准数据模型和应用接口;

(5) 提供人机交互功能,使设计者与计算机融合为人机智能化系统。

智能设计作为计算机化的设计智能,乃是 CAD 的一个重要组成部分,它在 CAD 发展过程中有不同的表现形式。传统 CAD 系统中并无真正的智能成分,这一阶段的 CAD 系统虽然依托人类专家的设计智能,但作为计算机化的设计智能并不存在。但在智能 CAD 阶段,智能设计的表现形式是人机智能化设计系统,它顺应了制造业的柔性、多样化、低成本、高质量的要求。

5.1.2　智能设计发展概述

越来越高的设计质量、越来越短的设计周期以及越来越复杂的设计对象促使智能设计不断发展。传统的 CAD 技术以数值计算和图形处理为主要特征,在设计中已得到广泛的应用,并在很大程度上减轻了设计者的劳动强度,提高了设计的质量和工作效率。但由于在设计方案的确定、模型的建立和评价决策等设计环节中,有相当多的工作还不能建立起精确的数学模型并用数值方法求解,需要设计者发挥自己的创造能力,运用多学科的知识和实践经验,才能取得良好的设计结果[32],因此智能设计的理论研究和开发应用受到越来越多的关注,并发展了众多的关键技术,其中包括[31]:①计算机技术;②知识表示模型构建;③多专家合作、模糊评价和人工神经网络技术;④机器学习等学习机制;⑤集成推理机制;⑥并行设计技术;⑦设计信息集成技术;⑧智能化人机接口。后续将会逐步形成庞大的技术体系。

综上所述,智能设计从单一的 CAD/CAM 发展到现在人机智能化设计系统是历史的必然,它是面向集成的决策自动化,是高级的设计自动化。这种决策的自动化并不是完全排斥人类专家的辅助作用。随着知识自动化处理技术的发展,计算机可以越来越多地承担以往由人类专家所做的大量决策工作,但不完全取代人类专家最具创造性的活动[33]。在一个合理协调、有机集成的人机智能化设计系统中,不断提高机器的智能化水平,使之更好地承担设计角色。

5.2　基于 Python 的传动系统软件开发与设计

在汽车传动系统的振动研究中,目前应用较为广泛的软件有多体动力学分析软件 ADAMS、结构分析软件 ANSYS、系统仿真软件 AMEsim 以及数值分析软件 MATLAB 等。这些软件的使用提高了技术人员的研究效率,但在使用过程中也存在软件安装/使用不便、硬件要求高、人机交互性不好的弊端。本节将利用 Python 开发一款用于汽车传动系统振动研究的专用软件以解决存在的问题。下面首先对该计算机语言进行介绍。

5.2.1　软件开发平台介绍

Python 是一门通用的计算机编程语言,是由 Guido Van Russum 在 1989 年创建的,它继承了传统编程语言的通用性与强大性,同时也借鉴了解释型语言和简单脚本的易用性。自诞生至今,Python 凭借其简洁性、易读性以及可扩展性,已经成为最受欢迎的程序设计语言之一。目前 Python 已经被众多的国内外公司使用,典型的国外公司有 Google(Google AppEngine、Google Earth、爬虫等)、YouTube(基于 Python 开发的世界最大的在线视频网站)、Instagram(基于 Python 开发的美国最大的图片分享网站)、Facebook(基于 Python 开发的基础库)等;典型的国内公司有豆瓣、知乎、阿里巴巴、腾讯、百度、金山、搜狐、盛大、网易、新浪、果壳、土豆等,它们均通过 Python 来实现所需的功能。其具体的应用范围如表 5-1 所示。

表 5-1　Python 的应用范围

应 用 范 围	具 体 描 述
编程语言	开发大型应用软件,作为函数语言进行人工智能程序的开发,作为其他软件的接口调试等
数据库	可以和多种数据库进行数据交互,例如 Oracle、Ms SQLServer 等
Windows 编程	在 Windows 系统上通过 COM 形式调用和建立各种资源,包括注册表、ActiveX 控件以及各种 COM 等工作
图形用户界面	可以实现 GUI 编程,通过 Tkinter、WxPython、Qt 等模块根据需求编写用户界面程序
科学计算	可以完成数组计算、矢量分析、人工智能研究等

由表 5-1 可以看出,Python 语言的应用范围十分广泛,这是因为它自带强大的标准库,可以进行系统管理、网络通信、文本读写等多种操作。同时 Python 还提供大量第三方模块,它们的功能极其多样,覆盖科学计算、网站开发、图形系统等多个领域,用户在进行编程时可直接调用,可以极大地提高软件的开发效率。除此之外,Python 还有三大优势:

(1)简单易学。对于初学 Python、程序开发零基础的读者来说,Python 的语法简单,容易理解并掌握。虽然 Python 是用 C 语言写的,但是它简化了语法,只需编写很少的代码,就可以实现其他编程语言用很多行代码才能实现的功能。

(2)跨平台。Python 已经被移植在许多平台上,大多数 Python 程序无须修改就可以在多个平台上运行,这些平台包括 Linux、Windows、FreeBSD、Macintosh、Solaris. OS/2、Windows CE 以及 Google 基于 Linux 开发的 Android 等。

(3)面向对象。Python 是一种面向对象的编程语言,程序是由数据和功能组合而成的对象构建起来的。与其他面向对象的语言(例如 C++、Java)相比,Python 可以以一种非常强大而又简单的方式实现面向对象编程。

5.2.2　软件总体设计及功能模块实现

以第 4 章建立的微分方程组模型为基础,本章将开发一款传动系统振动仿真软件,对汽车传动系统模型进行求解。下文将具体介绍软件的开发过程。

1. 软件总体结构设计

开发本软件的目的是对汽车传动系统的振动状况进行分析,在软件设计开始需要对软件结构进行整体规划。在建立传动系统模型时应考虑传动系统的多个安装参数和发动机波动力矩对传动系统振动的影响,同时还应考虑软件的保密性和计算数据的后期分析等需求。对以上目标进行细化,得到如图 5-1 所示的软件结构功能图。

在软件开发过程中,程序模块化设计的优点是方便程序调试和后期维护修改。设计的软件总体结构功能如图 5-1 所示,共分为 5 个功能模块:登录界面为满足软件的保密性要求,设计用户名和密码功能;系统安装参数输入模块为实现对模型中多个影响因素的研究,设计为人机交互界面;激励参数输入模块用于控制发动机转速和扭矩;后台方程组计算模块用于对第 4 章中建立的完整传动系统微分方程进行求解计算;数据保存及可视化模块是实现计算结果的保存和图像的绘制功能。

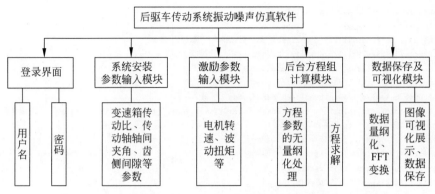

图 5-1 传动系统振动噪声仿真软件结构功能图

2. 软件各功能模块实现

上文介绍了软件结构功能图,此部分将详细介绍如何用 Python 实现模块功能。在软件模块搭建之前,需要安装 Python 专用的程序开发环境,只有在这个环境中程序员才能完成对程序的编写与修改。

Python 集成开发环境(integrated development environment,IDE)是提供程序开发环境的应用程序,一般包括代码编辑、程序编译、程序调试和图形交互界面等工具,是集成了代码编辑功能、语法分析功能、编译功能、调试功能等的一体化的开发软件服务套。Python IDE 是 Python 编程必须使用的开发工具,IDE 的选择对 Python 编程有很大的影响,因此选择合适的 Python IDE 对于程序开发十分重要。目前常用的 Python IDE 有十多种,其中使用较多的有以下几种:

(1)从 Python 官网下载的自带 IDE;

(2)Python 专业集成开发环境 PyCharm,有两个版本,一个是免费的社区版本,另一个是面向企业开发者的专业版本;

(3)Python 的人工智能、科学计算环境 Anaconda,其中包含了大量的科学包,提供包管理与环境管理的功能。

本书采用的是第二种开发环境,即专业集成开发环境 PyCharm。它可以提高开发者在使用 Python 语言时的效率,可以实现代码调试、语法高亮、Project 管理、代码跳转、智能提示等功能,同时还可以快速导入 Python 的第三方库,使用十分方便。在利用 Python 进行软件开发前,需要安装专用的开发平台 PyCharm。下面具体介绍如何用代码实现部分功能。

1)登录界面模块

软件的界面是软件和使用者之间交流的门户,用于实现用户对程序的控制。在登录界面中进行用户名和密码的输入,当输入的用户名及密码和设定密码不一致时需要重新登录,其中密码采用专用的密码模式显示,以提高安全性。在编写程序时主要用到 Qt 库中的函数,其中的关键代码如图 5-2 所示。

在登录界面模块中,分别设计有"用户名"和"密码"对应的数据输入框,用户可以在输入框中输入用户名和密码;输入完成后,单击"登录"按钮进行登录操作。代码编写后,调试生成的界面如图 5-3 所示。

```python
def retranslateUi(self, MainWindow):
    _translate = QCoreApplication.translate
    MainWindow.setWindowTitle(_translate("MainWindow", "MainWindow"))
    self.groupBox.setTitle(_translate("MainWindow", "登录系统："))
    self.label_2.setText(_translate("MainWindow", "密码："))
    self.label.setText(_translate("MainWindow", "用户名："))
    self.pushButton.setText(_translate("MainWindow", "登录"))
    self.tabWidget.setTabText(self.tabWidget.indexOf(self.tab), _translate("MainWindow", "登录界面"))
def login(self):
    name1 = self.input_1.text()  #--获取信息--
    password = self.input_2.text()  #---获取密码---
    config = configparser.ConfigParser()
    config.readfp(open(r"%s"%inipath))
    try:
        a = config.get("information", str(name1))  # ---读取数据库信息---
    except:
        QMessageBox.information(None, "Information", "您未注册，请先进行注册后登录")
        return None
    else:
        if str(password) == str(a):
            QMessageBox.information(None, "Information", "登录成功，欢迎您！")
            self.get_thread1 = thread1()
            self.get_thread1.sendData.connect(self.show_mainwindow)  #---启动参数设置界面----
            self.get_thread1.start()
            self.hide()     # ---隐藏登录界面--
        else:
            self.input_2.clear()
            QMessageBox.information(None, "Information", "密码错误，请重新输入！")
            config = configparser.ConfigParser()
            config.read('recorde.ini')
            config.set("information", "totalSwitch", "0")
            config.write(open('recorde.ini', "w"))
def show_mainwindow(self, status):
    if(status==1):
        mainCode = anzhuangcanshujiemian13.CanShu()  #-------启动参数设置界面入口---
        mainCode.show()
        mainCode.exec_()
```

图 5-2　登录界面用户名和密码读取代码

图 5-3　用户登录界面

只有在用户输入正确的用户名和密码后,单击"登录"按钮,才能进入到下一步。

2)安装参数模块及激励参数模块

安装参数模块及激励参数模块的功能都是实现对传动系统参数的控制,故在此一并进行介绍。在第 4 章模型建立过程中,计算获得了系统的惯量、刚度、阻尼和部分结构参数,在求解方程时,需要将这些参数代入方程,而为软件求解的方便,将这些参数统一保存在 Excel 表格中,在计算时可以用软件直接读取表格中的参数。

在登录界面正确输入用户名和密码后,程序将进入安装参数控制界面。在安装参数模块中,主要考虑变速箱传动比、中间传动轴轴间夹角、主传动轴轴间夹角、输出轴轴间夹角、支撑跨距、轴线偏置距、齿侧间隙、啮合刚度、飞轮惯量 9 个参数,在界面中用户可以对这些参数进行修改并保存至表格,从而实现对参数的控制。而在激励参数模块中,用户可以输入发动机的转速、波动扭矩参数,以实现对发动机激励的控制。在编写代码时界面的生成用到 Python 中的 Qt 库函数,Excel 表格的数据交换使用到第三方库函数 openpyxl 和 win32com.client,在代码调试完成后,生成的安装参数界面和激励参数界面如图 5-4 所示。

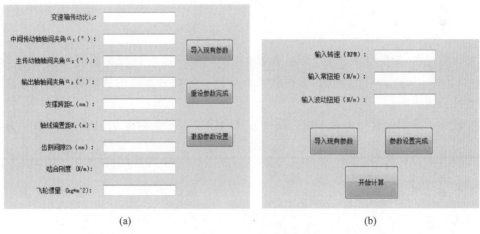

(a) (b)

图 5-4 参数界面

(a)安装参数界面;(b)激励参数界面

图 5-4(a)中,"导入现有参数"按钮的功能是指示软件读取当前表格中的参数值,并显示在对应方框内;"重设参数完成"按钮的功能是在用户修改参数后,将修改结果进行保存;"激励参数设置"按钮的功能是引导程序进入激励参数界面(图 5-4(b))。此界面中按钮功能和安装参数界面类似,此处不再介绍。在激励参数设置完成后,单击"开始计算"按钮,程序将进行方程求解计算。

3)后台方程组计算模块

本书中开发的汽车传动系统振动分析软件,和现有的分析软件相比,其第一个优点是实现了使用者对传动系统参数的快速修改;另一个优点就是利用 Python 编写微分方程组求解程序,避免了采用 MATLAB 这种大型计算软件,程序的移植性更好。

第 4 章中建立的系统动力学方程为二阶微分方程组,在求解过程中需要对方程组进行降阶处理,将其化为一阶微分方程组;另外,在建立的方程组中各参数均采用国际标准单位,数量级相差较大,在求解时需对方程进行无量纲化处理,使运算简便可靠。下面主要介

绍在微分方程求解中采用的数学方法。对于形如

$$\begin{cases} \dfrac{\mathrm{d}y}{\mathrm{d}x} = f(x,y) \\ y(a) = y_0 \end{cases}, \quad a \leqslant x \leqslant b \tag{5-1}$$

的常微分方程,常用的求解方法为向前欧拉公式,其数学思想为用 $\dfrac{y(x_{n+1}) - y(x_n)}{h}$ 代替 $y'(x_n)$ 代入式(5-1)中的微分方程,其中 h 为步长,则有

$$\frac{y(x_{n+1}) - y(x_n)}{h} \approx f(x_n, y(x_n)) \quad n = 0, 1, 2, \cdots \tag{5-2}$$

化简可得

$$y(x_{n+1}) = y(x_n) + h f(x_n, y(x_n)) \tag{5-3}$$

记 $y(x_n)$ 的近似值为 y_n,所得计算结果 $y(x_{n+1})$ 为 y_{n+1},则式(5-3)可化为

$$y_{n+1} = y_n + h f(x_n, y_n) \tag{5-4}$$

这样,形如方程(5-1)的微分方程可化为

$$\begin{cases} y_{n+1} = y_n + h f(x_n, y_n) \\ y_0 = y(a) \end{cases}, \quad n = 0, 1, 2, \cdots \tag{5-5}$$

按方程(5-5)中的计算方法,知道方程初值 y_0 便可逐次计算出在自变量分别为 x_0,$x_1, \cdots, x_n$ 时 $y_1, y_2, \cdots, y_n$ 的值,这样就可以得到一阶微分方程的数值解。这种方法称为向前欧拉公式。

在软件中采用的算法为基于向后欧拉公式的隐式多步变阶方法,它的基本数学方法是利用向后差商代替导数,即 $y'(x_{n+1}) \approx \dfrac{y(x_{n+1}) - y(x_n)}{h}$ 代替 $y'(x_n)$ 代入式(5-1)中的微分方程,则可得计算公式:

$$\begin{cases} y_{n+1} = y_n + h f(x_{n+1}, y_{n+1}) \\ y_0 = y(a) \end{cases}, \quad n = 0, 1, 2, \cdots \tag{5-6}$$

利用这种方法求解方程的数值解称为向后欧拉公式。它在形式上和向前欧拉公式相似,但实际计算过程相对复杂,计算时需要运用迭代法求解,迭代公式为

$$\begin{cases} y_{n+1}^{(0)} = y_n + h f(x_n, y_n) \\ y_{n+1}^{(k+1)} = y_n + h f(x_n, y_{n+1}^k) \end{cases}, \quad k = 0, 1, 2, \cdots \tag{5-7}$$

与采用向前欧拉公式相比,向后欧拉公式在进行计算时更复杂,但优点是计算稳定性更好。Python 中的 scipy.integrate 模块是求解微分方程组的第三方库,可以利用其求解有关初值问题的刚性微分方程和非刚性微分方程。本研究中建立的传动系统动力学微分方程组中各个未知量变化不一致,且数值结果在数量级上差别较大,属于刚性方程。scipy.integrate 模块中提供的求解刚性方程的方法有多种,基于上文分析选择基于向后欧拉公式的 BDF(backward differentiation formula)方法求解微分方程组。在 Python 中使用 scipy.integrate 模块的代码格式为

$$\text{scipy.integrate.solve\_ivp}(\text{fun}, \text{t\_span}, y_0, \text{method} = \text{'BDF'}, \text{t\_eval}) \tag{5-8}$$

式中,fun 表示需要求解的微分方程组函数;t_span 为求解中自变量的取值范围;y_0 为方程在初始时刻未知量的取值;t_eval 为计算机保存的解的范围。

在方程求解模块中,在进行一系列降阶和无量纲化处理后,完整的动力微分方程组由多个一阶微分方程组成。在设定参数时,以时间 t 为自变量,计算在一定时间段内,传动系统在发动机持续输入转速和扭矩时,传动系统各个零部件的振动位移和速度响应。有关方程求解和计算的程序代码量较大,这里不作具体展示。

4)数据保存及可视化模块

在方程求解完成后,需要将多个计算结果进行保存,同时绘制曲线图。在进行数据保存时将各计算结果以 Excel 文件形式保存。在可视化展示中分别绘制各零件的时域结果和经傅里叶变换后的频域结果。其部分代码如图 5-5 所示。

```python
# 传动轴惯量扭振响应
fig2 = plt.figure()
cx1 = fig2.add_subplot(221)
cx2 = fig2.add_subplot(222)
cx3 = fig2.add_subplot(223)
cx4 = fig2.add_subplot(224)
new_ticks = numpy.linspace(0, 0.5, 11)
cx1.plot(sol.t / Freq1, h[6, :], 'b', linewidth=0.5)
cx1.set(xlim=[0, tsp / 2], title='前传动轴惯量1时域响应图', xlabel='时间/s', ylabel='角位移/°')
cx1.set_xticks(new_ticks)
cx2.plot(sol.t / Freq1, h[7, :], 'b', linewidth=0.5)
cx2.set(xlim=[0, tsp / 2], title='前传动轴惯量2时域响应图', xlabel='时间/s', ylabel='角位移/°')
cx2.set_xticks(new_ticks)
cx3.plot(sol.t / Freq1, h[8, :], 'b', linewidth=0.5)
cx3.set(xlim=[0, tsp / 2], title='后传动轴惯量1时域响应图', xlabel='时间/s', ylabel='角位移/°')
cx3.set_xticks(new_ticks)
cx4.plot(sol.t / Freq1, h[9, :], 'b', linewidth=0.5)
cx4.set(xlim=[0, tsp / 2], title='后传动轴惯量2时域响应图', xlabel='时间/s', ylabel='角位移/°')
cx4.set_xticks(new_ticks)
fig2.tight_layout(pad=1.0, w_pad=0.5, h_pad=0.5)
#数据保存
result1 = open(r'C:\Users\Administrator\Desktop\python1.xls', 'w', encoding='gbk')
for m in range(len(h[1])):
    for n in range(len(h)):
        result1.write(str(h[n][m]))
        result1.write('\t')
    result1.write('\n')
result1.close()
```

图 5-5 数据保存及可视化功能部分代码

在对数据进行保存,并将计算结果绘制为曲线后,软件基本完成设计功能,对部分模块联合进行调试,可以实现完整的功能。基于 Python 语言开发的程序设计了人机界面以实现对系统参数的快速修改控制,并编写了程序对复杂动力学方程组进行求解,以获得传动系统在一定外界激励下各零部件的振动响应。下文将利用编写的程序进行仿真计算,并验证软件计算结果的准确性。

5.2.3 模型求解结果分析

利用开发的软件,以实验中传动系统的结构参数为参照,设置输入转速为 1500r/min,波动扭矩幅值为 100N·m,对传动系统的振动响应进行仿真计算,得到相应的时域和频域结果。

下面将对部分零部件振动响应的时域和频域结果进行分析,变速箱部分的计算结果如图 5-6 所示。

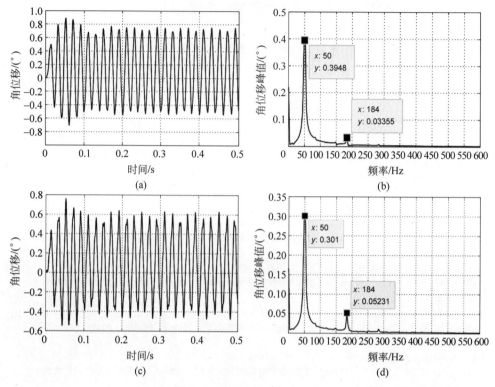

图 5-6 变速箱扭转振动响应

(a) 输入轴端角位移时域;(b) 输入轴端角位移频域;(c) 输出轴端角位移时域;(d) 输出轴端角位移频域

图 5-6(a)和(c)所示为变速箱输入轴端和输出轴端的扭转振动角位移时域响应曲线,可以发现在波动扭矩的作用下,变速箱轴的扭振角位移响应也呈周期性波动变化,同时输入轴端的波动变化范围更大。图 5-6(b)和(d)所示为经傅里叶变换后相应的频域图,从图中可以看出,影响变速箱输入和输出轴振动的主要有两个频率,分别为 50Hz 和 184Hz。由发动机二阶扭矩激励计算公式

$$f = \frac{n}{60} \times 2 \tag{5-9}$$

可知,在输入转速为 1500r/min 时,发动机二阶扭矩的激励频率为 50Hz。

主减速器齿轮的啮合频率计算公式为

$$f_{啮合} = \frac{n}{60 \times 1.35} \cdot Z_{\mathrm{p}} \tag{5-10}$$

式中,n 为转速;Z_{p} 为主动齿轮齿数。

由式(5-10)计算得齿轮系统啮合频率理论值为 185.2Hz,由此可以说明发动机的二阶扭矩激励频率和主减速器齿轮的啮合频率是变速箱轴系振动的主要影响因素,同时由频域幅值的对比可以发现,发动机激励的影响更明显。按照动力传递的路径,变速箱将动力传递

给传动轴,下面计算传动轴输入端和输出端的角位移响应,其结果如图 5-7 所示。

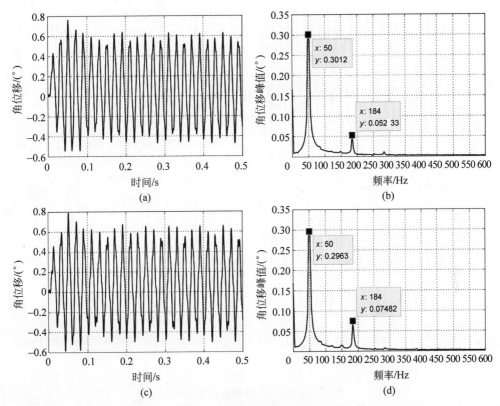

图 5-7 传动轴扭转振动响应

(a)传动轴输入端角位移时域;(b)传动轴输入端角位移频域;

(c)传动轴输出端角位移时域;(d)传动轴输出端角位移频域

由图 5-7(a)和(c)可以看出传动轴输入端和输出端的角位移变化基本一致,这是因为在传动轴总成安装过程中,三个十字轴万向节的夹角分别为 1.695°、1.3°、1.554°,在小角度条件下,十字轴万向节的附加力矩作用并不明显。而图 5-7(b)和(d)的频域结果表明在 0～600Hz 范围内存在两个角位移峰值,分别是 50Hz 对应的 0.2963° 以及 184Hz 对应的 0.074 82°。由式(5-9)和式(5-10)可知,50Hz 和 184Hz 所对应的频率分别是发动机的二阶激励频率以及齿轮啮合激励频率。因此,传动轴的振动也主要受发动机二阶激励频率和齿轮啮合激励频率的影响。同样分析主减速器主、被动齿轮的扭转振动响应,结果如图 5-8 所示。

由图 5-8(a)和(c)对比可以发现主动齿轮的角位移幅值和被动齿轮的角位移幅值差别较大,这是由于主减速器具有减速作用,主、被动齿轮主传动比的存在导致角位移幅值发生较大变化;而图 5-8(b)和(d)表明,发动机二阶激励频率和齿轮啮合频率也是主减速器齿轮振动的主要激励源。

以上为利用软件计算获得的传动系统的扭转振动响应结果,通过时域分析发现,系统在波动力矩的作用下,各零部件的扭转振动响应变化也具有明显的波动特征,而系统中传动比的存在会使部分部件的角位移幅值发生较大变化。通过频域分析发现,传动系统产生扭转

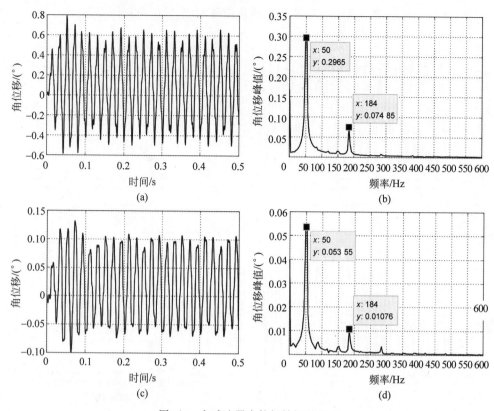

图 5-8　主减速器齿轮扭转振动响应

(a) 主动齿轮绕 x 轴角位移时域；(b) 主动齿轮绕 x 轴角位移频域；
(c) 被动齿轮绕 y 轴角位移时域；(d) 被动齿轮绕 y 轴角位移频域

振动的主要因素是发动机的二阶激励和齿轮的啮合激励。软件不仅计算得到了系统的扭转振动结果，还计算了主减速器齿轮的平面振动响应。

　　下面将对主减速器主、被动齿轮的平面计算结果进行分析。如图 5-9 所示为主、被动齿轮的三向平面振动位移时域结果。

　　图 5-9 表示主、被动齿轮的平面振动响应随时间变化情况，和齿轮的扭转振动响应曲线比较，可以发现齿轮平面振动曲线出现更多细小的峰值，这说明在齿轮的平面振动中位移波动更加频繁，存在明显的冲击现象，这是因为在建立模型时考虑了齿轮系统中多种非线性因素的影响，计算结果初步验证了模型的有效性。而从幅值波动范围来看，对于主动齿轮的平面振动，x 轴方向振动响应最大，y 轴方向的振动响应最小，而对于被动齿轮，其沿 z 轴方向振动响应较大，y 轴方向的振动响应最小，其振动位移的数量级均在 10^{-6} m 范围内变化。对主、被动齿轮的平面振动响应进行频域分析，其结果如图 5-10 所示。

　　可以看出影响主、被动齿轮平面振动的频率主要为 50 Hz 和 184 Hz，而由式(5-9)和式(5-10)计算可知，这两个频率分别为发动机二阶激励频率和齿轮啮合激励频率。对频域幅值进行分析，可以发现和传动系统的扭转振动相比较，齿轮的平面振动受齿轮啮合激励的影响增大。

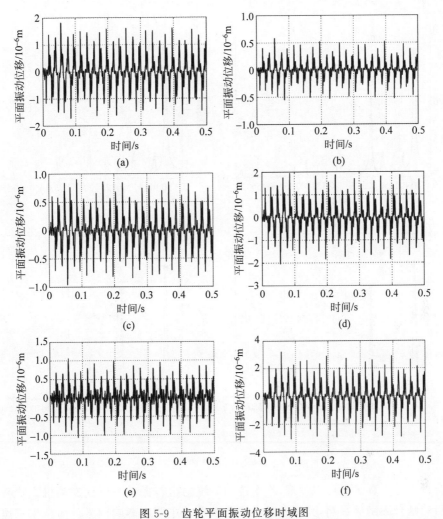

图 5-9 齿轮平面振动位移时域图

（a）主动齿轮 x 向；（b）主动齿轮 y 向；（c）主动齿轮 z 向；（d）被动齿轮 x 向；（e）被动齿轮 y 向；（f）被动齿轮 z 向

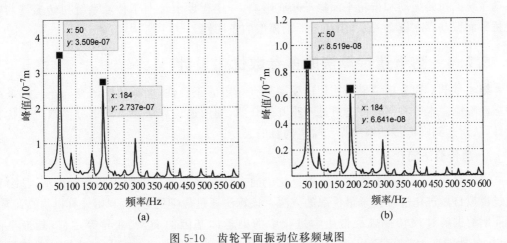

图 5-10 齿轮平面振动位移频域图

（a）主动齿轮 x 向；（b）主动齿轮 y 向；（c）主动齿轮 z 向；（d）被动齿轮 x 向；（e）被动齿轮 y 向；（f）被动齿轮 z 向

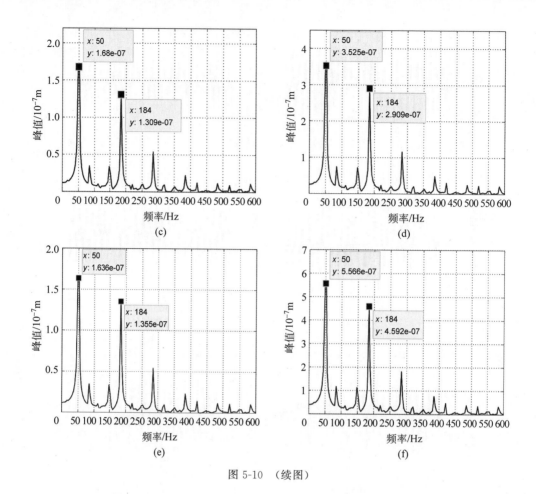

图 5-10 （续图）

综合以上的仿真结果可以发现,汽车传动系统的扭转振动主要受发动机二阶激励和主减速器齿轮啮合激励的影响,其中发动机二阶激励是主要的影响因素。而在主减速器齿轮的平面振动中两种激励同时存在,但主减速器齿轮啮合激励的影响增大。同时,两种激励对传动系统的扭转振动和齿轮平面振动均有影响,一定程度上证明了传动系统扭转振动与驱动桥平面振动存在耦合关系,验证了理论模型的正确性。

5.2.4　基于遗传算法的多参数优化设计

第 4 章的对比分析结果表明理论模型具有一定的正确性,能够用来研究汽车传动系统的振动响应。本节将对软件进行进一步开发介绍,利用遗传算法对系统部分参数进行优化设计,从而达到降低传动系统振动噪声的目的。

1. 遗传算法简介

遗传算法是一种模拟达尔文生物进化论的自然选择和遗传学机理的计算模型,是一种通过模拟自然进化过程搜索最优解的方法。该算法通过数学的方式,利用计算机仿真运算,将问题的求解过程转换成类似生物进化中的染色体基因的交叉、变异等过程,其最早由 Holland 教授在 1975 年提出[34]。遗传算法的优化求解过程是通过模仿自然界的遗传机制演化而来的,相较于其他寻优算法具有很多优势。首先,算法中的操作对象是经过计算机编码后的字符串,可以适用于多类参数的优化,通用性比较好;其次,它采用概率化寻求和优化搜索区域的方式,在算法中自行适应搜寻的方向,不需要人为的规定;最后,遗传算法是以种群为单位从多方向进行并行搜索,这就使得它在整个参数范围内寻找最优解,避免了陷入局部最优。遗传算法的以上优势使其在求解复杂优化问题方面具有巨大的潜力,相对一些常规的优化算法,通常能够较快地获得较好的优化结果。目前它已经广泛应用于组合优化、机器学习、信号处理和自适应控制等领域。

它的基本思想是利用计算机编程将待优化参数进行编码形成个体,并根据优化变量的范围形成初始种群,之后将种群置于一个最优求解的环境中,在该环境中,计算种群中的个体对目标函数的适应度,将适应度高的个体通过选择、交叉、变异等方式重新组合,使适应度较高的个体繁殖概率增加,产生平均适应度更高的新一代,经过多重迭代,寻求到最优解。遗传算法的流程如图 5-11 所示。

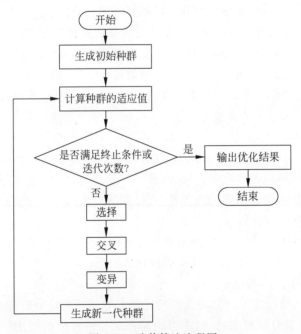

图 5-11　遗传算法流程图

下面首先对遗传算法中的专用名词作具体介绍。

1) 适应度函数

遗传算法的适应度函数也称评价函数,是用来判断群体中的个体优劣程度的指标,它是根据所求问题的目标函数来进行评估的。遗传算法在搜索进化过程中一般不需要其他外部信息,仅用评估函数来评估个体或解的优劣,并将其作为后续遗传操作的依据。由于遗传算法中适应度函数要比较排序并在此基础上计算选择概率,所以适应度函数的值要取正值。

2) 初始群体

遗传算法中初始群体中的个体是随机产生的。一般来讲,初始群体的设定有两种方法:

(1) 根据要解决问题的固有知识,设法把握最优解所占空间在整个问题空间中的分布范围,然后,在此分布范围内设定初始群体。

(2) 先随机生成一定数目的个体,然后从中挑出最好的个体加到初始群体中。经过不断迭代,直到初始群体中个体数达到预先确定的规模。

3）选择

从群体中选择优胜的个体,淘汰劣质个体的操作称为选择。选择算子有时又称为再生算子(reproduction operator)。选择的目的是把优化的个体(或解)直接遗传到下一代或通过配对交叉产生新的个体再遗传到下一代。选择操作是建立在群体中个体的适应度评估基础上的,常用的选择算子有以下几种:适应度比例方法、随机遍历抽样法、局部选择法。

4）交叉

遗传算法中起核心作用的是遗传操作的交叉算子。所谓交叉是指把两个父代个体的部分结构加以替换重组而生成新个体的操作。通过交叉,遗传算法的搜索能力得以提高。

5）变异

变异算子的基本内容是对群体中的个体串的某些染色体上的基因值作变动。依据个体编码表示方法的不同,可以有实值变异和二进制变异两种算法。

遗传算法引入变异的目的有两个:一是使遗传算法具有局部的随机搜索能力。当遗传算法通过交叉算子已接近最优解邻域时,利用变异算子的这种局部随机搜索能力可以加速向最优解收敛。显然,此种情况下的变异概率应取较小值,否则接近最优解的基因会因变异而遭到破坏。二是使遗传算法维持群体多样性,以防止出现未成熟收敛现象。此时收敛概率应取较大值[35]。

6）终止条件

当最优个体的适应度达到给定的阈值,或者最优个体的适应度和群体适应度不再上升时,以及迭代次数达到预设的代数时,算法终止。

除此之外,遗传算法也有一定的局限性,具体如下[36]:

(1)编码不规范以及编码表示不准确;

(2)单一的遗传算法编码不能全面地将优化问题的约束表示出来;

(3)通常遗传算法的效率比其他传统的优化方法低;

(4)遗传算法容易过早收敛;

(5)算法的精度、可行度及计算复杂性等还没有有效的定量分析方法。

虽然遗传算法有自身的局限性,但不影响其在工程领域中的应用。本团队以降低汽车传动系统的振动噪声为研究目标,而传动系统的振动形式主要包括系统的扭转振动和主减速器齿轮的平面振动,这在优化设计中属于多目标优化问题。此外,不同的参数变化对传动系统的影响不同,因此,有必要对传动系统的多个参数进行同时研究。基于遗传算法的多目标优化算法有很多类型,如多目标遗传算法(multi-objective genetic algorithm,MOGA)、第1代非支配排序遗传算法(non-dominated sorting generic algorithm,NSGA)、第2代非支配排序遗传算法(non-dominated sorting genetic algorithmⅡ,NSGA-Ⅱ)[37]等。其中,MOGA运算速度较快,但最优解集的分布不理想;NSGA可以得到分布均匀的非支配最优解,但是其缺点主要是计算复杂度偏高,缺乏精英策略并且需要人为指定参数。基于上述方法的这些缺陷,Kalyanmoy Ded、Amrit Pratap 等人于 2000 年对 NSGA 核心的非支配排序算法进行改进,并引入精英策略和拥挤度计算,从而提出了带精英策略的非支配排序遗传算法NSGA-Ⅱ,它继承了第1代算法的优点,同时解决了计算复杂的问题。基于以上分析,本研究中采用 NSGA-Ⅱ对参数进行优化设计。

对于多目标优化问题,是指在满足所有约束条件的前提下,对设计变量进行求解。其数学模型可表示为

$$\begin{cases} F(x) = \min\{F_1(x), F_2(x), \cdots, F_n(x)\} \\ X = \{x_1, x_2 \cdots, x_d, \cdots, x_n\} \\ x_{d\text{-min}} \leqslant x_d \leqslant x_{d\text{-max}} \end{cases} \qquad (5\text{-}11)$$

式中,x_d 为优化变量;X 为优化变量组成的集合;n 为优化目标的总数;$F(x)$ 为目标函数组成的集合;$x_{d\text{-min}}$ 为各维解向量搜索的下限;$x_{d\text{-max}}$ 为各维解向量搜索的上限。

2. 基于遗传算法的参数设计实现

基于上一节的分析,本节利用 Python 编程的方法,将开发的模型求解软件和 NSGA-Ⅱ 算法结合,对传动系统部分参数进行同步优化设计,找出最优的参数组合,以降低汽车传动系统的振动噪声。

1) 软件参数的选取

根据多目标优化问题的数学模型,需要确定目标函数、优化变量和变量取值范围三个主要参数,下面介绍如何对参数进行选择。

(1) 目标函数的确定

传动系统的振动包括扭转振动和齿轮的平面振动,需分别选取有代表性的两类振动作为目标函数。由于扭转振动的传递路径均为串联,各部件的变化大小都是线性比例的关系,同时在实验结果和理论计算对比中驱动桥输入端的扭转振动结果和实验结果比较一致,因此选取驱动桥输入端扭转振动的结果作为目标函数。而齿轮的平面振动中桥壳鼻锥处的振动和齿轮的振动直接相关,同时实验和理论结果对比中桥壳 z 向振动结果和实验结果比较一致,因此平面振动中选取桥壳 z 向的振动结果作为目标函数。由于目标是降低汽车振动噪声,所以优化目标是取最小值。

(2) 优化变量的确定

利用开发的软件对系统部分参数进行分析。具体方法是在传动系统当前参数值基础上,将参数分别增大 50% 作为参数变化上限,减小 50% 作为参数变化下限,在此范围内利用软件进行仿真计算,同时以驱动桥输入端的扭转振动响应和桥壳鼻锥的 z 向振动作为观察对象,分析参数变化时两者的振动响应。通过对多个参数进行研究,发现系统参数中飞轮惯量、支撑跨距、轴线偏置距和齿侧间隙变化对系统的扭转振动响应和平面振动影响较大。其中驱动桥输入端扭转振动响应的变化规律如图 5-12 所示。

参数变化对驱动桥输入端扭转振动响应的影响是不同的,其中图 5-12(a)表明增大飞轮惯量可以降低驱动桥输入端的扭振;图 5-12(b)表明驱动桥输入端扭转振动响应随支撑跨距的增大呈波动变化;图 5-12(c)和(d)表明驱动桥输入端扭转振动响应随轴线偏置距和齿侧间隙的增大也是波动变化的,但总体趋势表明增大轴线偏置距和齿侧间隙会使驱动桥输入端的扭转振动响应增大。而四个参数中飞轮惯量变化对驱动桥输入端的扭转振动响应影响最大。对于系统的平面振动,参数变化对其振动响应的影响如图 5-13 所示。

由图 5-13(a)、(b)、(c)可以看出,桥壳鼻锥 z 向的平面振动随着飞轮惯量、支撑跨距和轴线偏置距的增大而减小,而图 5-13(d)表明桥壳鼻锥 z 向平面振动随着齿侧间隙的增大而增大,其中支撑跨距的变化对平面振动影响最大。

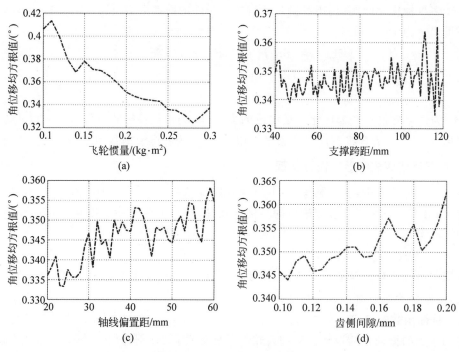

图 5-12　参数变化对驱动桥输入端扭转振动的影响

（a）飞轮惯量；（b）支撑跨距；（c）轴线偏置距；（d）齿侧间隙

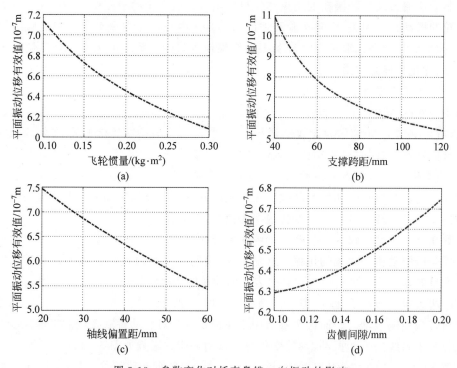

图 5-13　参数变化对桥壳鼻锥 z 向振动的影响

（a）飞轮惯量；（b）支撑跨距；（c）轴线偏置距；（d）齿侧间隙

综合以上分析可以发现,参数变化对系统振动的影响是不一致的,增大飞轮惯量会降低传动系统的扭转振动和平面振动,而支撑跨距的增大对系统扭转振动影响不明显,却能够显著降低系统的平面振动。所以在优化设计中将多个参数进行同步优化设计,就显得很有必要,优化设计变量选择飞轮惯量、支撑跨距、轴线偏置距、齿侧间隙四个参数。

(3)优化变量取值范围确定

在选取参数范围时,将参数分别增大50%作为参数变化上限,减小50%作为参数变化下限,在此范围内进行参数优化设计计算。

2)软件算法功能实现

根据设计思路,需要将开发的软件和遗传算法结合,对参数进行同步优化设计。首先利用Python语言对人机界面进行重新设计,方便用户输入参数范围,修改后的界面如图5-14所示。

图 5-14 优化设计参数输入界面

重新设计后的参数输入界面对飞轮惯量、支撑跨距、轴线偏置距和齿侧间隙增加了一个输入框,可以分别直接输入参数下限和上限,在输入完成后程序会将数据保存,方便后续的调用。具体参数选取范围如表5-2所示。

表 5-2 参数范围表

优 化 变 量	当 前 值	参数变化范围
飞轮惯量/(kg·m²)	0.2	0.1~0.3
支撑跨距/mm	82.5	40~120
轴线偏置距/mm	38	20~60
齿侧间隙/mm	0.15	0.1~0.2

下面介绍遗传算法的关键代码。在Python的第三方库中,库函数geatpy是遗传算法的函数,在使用遗传算法时可以直接调用。本研究中目标函数的求解过程比较复杂,在此只对关键部分进行介绍,其代码如图5-15所示。

在程序中设置种群规模为20,最大迭代次数为15次,采用的算法为带精英策略的非支配排序遗传算法(NSGA-Ⅱ),该算法是在基本遗传算法的基础上,对选择再生方法进行改

```python
class MyProblem(ea.Problem):  # 继承Problem父类
    def __init__(self, maxormins, varTypes, lb, ub):
        name = 'MyProblem'  # 初始化name（函数名称，可以随意设置）
        M = len(maxormins)  # 初始化M（目标维数）
        Dim = len(varTypes)  # 初始化Dim（决策变量维数）
        lbin = [1] * Dim  # 决策变量下边界
        ubin = [1] * Dim  # 决策变量上边界
        # 调用父类构造方法完成实例化
        ea.Problem.__init__(self, name, M, maxormins, Dim, varTypes, lb, ub, lbin, ubin)
        self.fitness_table, self.individual_table = [], []
        self.gen_counter = 0

        ......

    def just_open(self):
        var_range = json.load(open('range.json.temp', 'r'))
        c = var_range['zhichengkuaju']
        d = var_range['zhouxianpianzhiju']
        e = var_range['chicejianxi']
        g = var_range['feilunguangliang']
        problem = MyProblem([1, 1], [0, 0, 0, 0], [c[0], d[0], e[0], g[0]], [c[1], d[1], e[1], g[1]])
        Encoding = 'RI'        # 编码方式
        NIND = 20              # 种群规模
        Field = ea.crtfld(Encoding, problem.varTypes, problem.ranges, problem.borders)  # 创建区域描述器
        population = ea.Population(Encoding, Field, NIND)  # 实例化种群对象
        myAlgorithm = ea.moea_NSGA2_templet(problem, population)  # 实例化一个算法模板对象
        myAlgorithm.drawing = 0  # 设置绘图方式
        myAlgorithm.MAXGEN = 15  # 最大进化代数
        NDSet = myAlgorithm.run()  # 执行算法模板
        NDSet.save()  # 把结果保存到文件中
        problem.saveResult('输出结果.xlsx')
```

图 5-15　基于 Python 的遗传算法部分代码

进：将每个个体按照它们的支配与非支配关系进行分层，再进行选择操作，从而使得该算法在多目标优化方面得到非常满意的结果。将遗传算法和软件结合后就能完成对参数的优化设计，同时在程序中设置有数据保存功能，方便后续对程序进行进一步分析。

3. 优化结果分析

利用编写的程序对参数进行优化设计，获得经过 15 次迭代计算后的目标函数优化结果，其变化规律如图 5-16 所示。

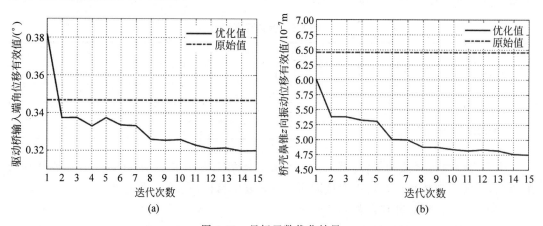

图 5-16　目标函数优化结果

（a）驱动桥输入端扭转振动；（b）桥壳鼻锥 z 向平面振动

由图 5-16(a)可以看出,经过 15 次迭代计算后驱动桥输入端角位移有效值由 0.346° 减少至 0.32°,降低了 7.5%;由图 5-16(b)可以看出,多次迭代驱动桥壳鼻锥 z 向平面振动位移有效值由 6×10^{-7}m 减少至 4.75×10^{-7}m,降低了 20.8%。因此,通过对参数进行优化,可以降低汽车传动系统的扭转振动和平面振动。同时,设计后最终参数的优化结果如表 5-3 所示。

表 5-3 优化结果

参 数	原 始 值	优 化 值
飞轮惯量/(kg·m^2)	0.2	0.2959
支撑跨距/mm	82.5	119.92
轴线偏置距/mm	38	56.9
齿侧间隙/mm	0.15	0.1

将表 5-3 中优化前后数据进行对比发现,优化后飞轮惯量、支撑跨距、轴线偏置距均增大,而齿侧间隙减小。将优化后的数据代入程序中进行再次仿真,计算优化前、后的时域结果如图 5-17 所示。

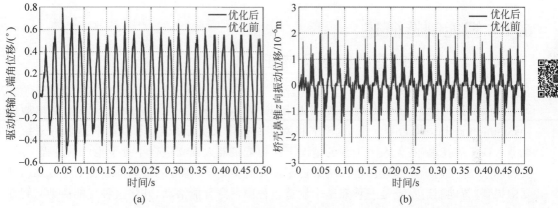

图 5-17 优化前、后时域图
(a)驱动桥输入端扭转振动;(b)桥壳鼻锥 z 向平面振动

由图 5-17 进行对比分析可知,在进行参数优化后,传动系统振动的波动幅值明显降低,说明振动减弱。由此可以说明对多参数进行同步优化设计后,采用新的设计参数,可以降低系统的振动噪声。

第6章

传动系统智能制造

6.1 智能制造概述

6.1.1 智能制造的概念及特征

1. 智能制造的概念

智能制造的概念最早出现在美国人 P. K. Wright 和 D. A. Bourne 于 1988 年出版的《Manufacture Intelligent》一书中,该书将智能制造定义为集成知识工程、制造软件系统与机器人视觉等技术,在无人工干预的情况下由智能机器人独立进行小批量生产的过程。欧、美、日等工业发达国家和地区也围绕智能制造发起实施了"智能制造国际合作研究计划",计划中提到"智能制造系统是一种在整个制造过程中贯穿智能活动,并将这种智能活动与智能机器有机融合,将整个制造过程从订单、产品设计、生产到市场营销等各个环节以柔性方式集成起来的能发挥最大生产力的先进生产系统"。我国工业和信息化部、财政部联合制定的《智能制造发展规划(2016—2020)》将智能制造定义为:智能制造是基于新一代信息通信技术与先进制造技术深度融合,贯穿于设计、生产、管理、服务等制造活动各个环节,具有自感知、自学习、自决策、自执行、自适应等功能的新型生产方式[38]。虽然不同国家对智能制造的表述不同,但内涵和核心理念都大致相同,都突出了制造过程的智能化、信息化以及自动化。

2. 智能制造的特征

智能制造具备人机一体化、高效自治以及互联互通等特征。

1) 人机一体化

智能制造是由智能机器人和人类专家共同组成的人机一体智能系统。处于智能制造系统中的人和机器,在时间和空间上可以相互联系、相互协同,共同完成生产任务。人机一体化突出了人在制造系统中的核心地位,在智能机器的配合下,可以更好地发挥人的潜能,使得机器智能和人的智能高度集成。

2）高效自治

自治能力是智能制造的标志性特征，包括自组织、自学习和自维护等能力。自组织能力指各个智能单机设备可以依据工作任务的需要自行组织成一种超柔性的最佳结构，并按照最优的方式运行；自学习能力指智能单机设备通过与环境的动态交互并结合自身信息进行分析、判断和规划自身行为；自维护能力是指在原有专家知识的基础上，智能单机设备通过实践不断学习与完善自身知识库，对系统故障进行自我诊断、排除和修复的能力。

3）互联互通

智能制造通过运用物联网技术，消除生产、管理以及服务过程中存在的信息孤岛，实现了生产设备之间、设备与产品之间以及虚拟与现实之间的互联互通。智能单机设备、智能生产线、智能车间以及智能工厂可以进行动态组合，从而满足不断变化的智能需求，进而形成虚拟产业集群与不同地域、行业以及企业间的跨界融合。

6.1.2 各国智能制造发展现状

随着新一代信息技术的兴起以及互联网向工业领域的融合渗透，世界各国都将智能制造作为未来制造业的发展方向，并且都提出了相应的战略来支持智能制造的发展，比较典型的是德国工业4.0以及中国制造2025。

1. 德国工业4.0

工业4.0这一概念最早出现于2013年4月在德国举办的汉诺威工业博览会，其核心目的是提高德国工业的竞争力。随后德国工业4.0工作组做了题为《保障德国制造业的未来——对实施工业4.0战略计划的建议》的最终报告，对工业4.0的实施进行了全面的阐述。工业4.0计划的核心内容可以用"一个网络、双重战略、三大集成来概括"[39]。

一个网络是指构建信息物理系统（cyber physical system，CPS），将机器、仓储系统以及生产设施等进行整合。CPS由能够独立自动交换信息、触发行动以及相互控制的智能机器、储存系统和生产设施组成，能够对制造、工程、物料使用以及供应链和生命周期管理所涉及的工业流程进行改进。CPS的主要特征可以用6C来概括，即Connection（连接）、Cloud（云存储）、Cyber（虚拟网络）、Content（内容）、Community（社群）、Customization（定制化）。CPS将资源、信息、物体以及人员紧密联系在一起，从而创造物联网及其相关服务，并将生产工厂转变为一个智能环境。

双重战略是指领先的供应商战略和领先市场战略。领先的供应商战略从设备供应商行业的角度来释放工业4.0的潜力，实施该战略的关键在于找到智能方法将卓越的技术解决方案与信息技术带来的新潜力相结合，以便实现创新领域的巨大飞跃。通过信息和通信技术与传统高科技战略的系统性组合，使企业可以成功地管理快速变化的市场和日益复杂的全球市场过程，从而为自身开拓出市场新机遇。为了塑造并成功地拓展领先市场，需要位于各地的企业分支机构实现紧密互联，同时加强不同企业之间的紧密合作。这需要对不同价值创造阶段、产品的生命周期、产品系列和对应的制造系统实现逻辑的、端到端的数字集成。

三大集成是指价值链上企业间的横向集成、网络化制造系统的纵向集成以及端对端数字化集成。横向集成是将使用于不同生产阶段以及商业规划过程的互联网技术（internet technology，IT）系统集成在一起，这包括了发生在企业内部以及不同企业之间的材料、能源以及信息的交换（例如出入站物流、生产过程以及市场营销），通过横向集成开发出企业间交互的价值链网络。纵向集成是指将处于不同层级的 IT 系统进行集成(例如执行器和传感器、控制、生产管理、制造以及企业规划等不同层面),可以在企业内部开发、实施和纵向集成灵活而又可重构的制造系统。端对端数字化集成是在所有终端实现数字化的前提下所实现的基于价值链与不同企业之间的一种整合,这将在最大程度上实现个性化定制。通过端到端集成,客户从产品设计阶段就参与到整个生产链,并贯穿加工制造、销售物流等环节。

总而言之,德国工业 4.0 的核心就是利用信息技术将产品、机器、资源以及人进行有机结合,通过信息技术建立一个高度灵活的个性化和数字化的智能制造新模式。

2. 中国制造 2025

高度发达的制造业和先进的制造技术已成为衡量一个国家综合竞争力和科技发展水平的重要标志。面对新一轮科技产业革命,世界上一些主要国家都制定了以制造业创新发展为核心的战略,例如德国的工业 4.0、美国的先进制造业国家战略计划以及英国制造业2050。为了实现从制造大国向制造强国的转变,2015 年 5 月 19 日,中华人民共和国国务院正式印发《中国制造 2025》,这是中国实施制造强国战略第一个十年的行动纲领。

《中国制造 2025》行动纲领指出,要立足国情、立足现实,力争通过"三步走"实现制造强国的战略目标。第一步:力争用十年时间,迈入制造强国行列;第二步:到 2035 年,我国制造业整体达到世界制造强国阵营中等水平;第三步:中华人民共和国成立一百年时,制造业大国地位更加巩固,综合实力进入世界制造强国前列。

围绕实现制造强国的战略目标,《中国制造 2025》明确了 9 项战略任务和重点:一是提高国家制造业创新能力;二是推进信息化与工业化深度融合;三是强化工业基础能力;四是加强质量品牌建设;五是全面推行绿色制造;六是大力推动重点领域突破发展,聚焦新一代信息技术产业、高档数控机床和机器人、航空航天装备、海洋工程装备及高技术船舶、先进轨道交通装备、节能与新能源汽车、电力装备、农机装备、新材料、生物医药及高性能医疗器械等十大重点领域;七是深入推进制造业结构调整;八是积极发展服务型制造和生产性服务业;九是提高制造业国际化发展水平。

中国制造 2025 的实施将促进中国制造业的转型升级,并且为中国制造业的发展指明了方向和道路,推动中国由制造大国向制造强国转变。

6.1.3 智能制造的意义

1. 智能制造对企业的影响

智能制造技术对现有的制造业有着巨大的提升作用,包括缩短开发周期、降低成本、提高效率等。通过采用虚拟制造技术可以在产品设计阶段就模拟出该产品的整个生命周期,从而更有效、更经济、更灵活地组织生产。除此之外,智能制造还会助推智能制造装备的发展,促使制造企业制造装备的更新换代,加速企业数字化、信息化和智能化进程。智能制造还会推动制造业发展出全新的制造模式,包括生物制造、绿色制造以及分形制造等。通过采用先进制造模式可以满足不同用户群体个性化的需求。

2. 智能制造对国家的影响

智能制造对国家的影响可以从国内和国际两个方面来讲。国内方面,长期以来,我国制造业都面临着大而不强的局面,制造业多集中在中低端环节,产业附加值低,发展智能制造业成为我国制造业由低端制造迈向高端制造的重要途径。国际方面,我国目前正面临着"双重挤压"。一方面欧美发达国家推行"再工业化"战略,谋求在技术、产业方面继续保持领先优势,抢占制造业高端,进一步拉开与中国的距离;另一方面,印度、越南等发展中国家则以更低的劳动成本,承接劳动密集型产业转移,抢占制造业低端市场。发展智能制造技术,重点研发高端制造装备以及核心零部件,可以打破发达国家在这些领域对中国的垄断,并且减小与发达国家之间的差距。与此同时,推进智能制造技术研发,可以提高制造业产业化水平,进而应对双重挤压所面临的挑战。

6.2 智能制造关键技术

6.2.1 射频识别技术

1. 射频识别系统的组成

射频识别(radio frequency identification,RFID)系统包括 RFID 阅读器、天线和应答器标签,如图 6-1 所示。

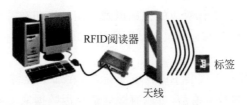

图 6-1 RFID 系统组成

天线用于放大阅读器向标签发射的信号以及标签返回阅读器的信号,从而增加标签的读取范围。

阅读器由电源单元、天线和印刷电路板组成,其主要作用是通过天线接收和发送射频信号到标签。阅读器从计算机或 PLC 接收专用软件生成的指令,阅读器内的控制单元执行接收到的指令。根据工作频率的不同,阅读器具有低频、高频、超高频和微波等不同类型。

标签由一个微芯片(存储产品标签的字母及数字代码)、一个天线(铜线线圈)和一个可选电源(如电池)组成。它有多种形式,如各种吊坠、圆形或方形板、磁卡或其他形式,主要取决于其应用领域。

2. 射频识别技术的基本原理

RFID 系统的工作原理如图 6-2 所示。阅读器通过发射天线发送一定频率的射频信号,当电子标签进入阅读器天线工作区域时,电子标签天线产生感应电流,电子标签获得能量从而被激活,电子标签将自身编码等信息通过内置天线发送出去。阅读器天线接收到从电子标签发送来的载波信号,并将其传送到阅读器。阅读器对接收的信号进行解调和解码,然后送到后台应用系统进行相关处理,应用系统针对不同的设定做出相应的处理和控制,发出指令信号控制执行机构的动作。

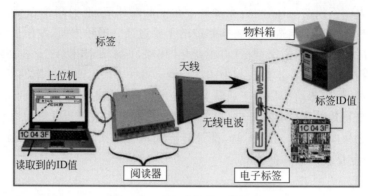

图 6-2 RFID 系统的工作原理

3．射频识别技术在智能制造中的应用

1）刀具全生命周期管控

刀具管控的目的是实现对刀具全生命周期信息管理，及时地了解刀具的使用、库存状态和位置。在刀具采购入库前，为刀具加装 RFID 电子标签，将其作为刀具的唯一身份识别信息。在刀具的调度和使用过程中，通过 RFID 读写设备及时采集刀具的信息，就能在系统中清楚地了解刀具是否已经上刀，具体对应的机床以及使用的周期和时长等。通过及时跟踪刀具位置状态、使用状态，企业能及时地了解刀具磨损情况并进行更换，保证刀具的使用安全。

2）生产线混流制造

通过在复杂零件和托盘上安装 RFID 电子标签，在加工设备和线体上安装 RFID 工业读写器，实现产品和设备的智能通信，可以有效地避免因数据采集不及时导致工序管理混乱等诸多问题。通过及时采集在制品状态和生产工序状态为制造执行系统（manufacture execution system，MES）提供数据支撑，保证 MES 可及时地调度每个工作站，使每个工作站在生产周期内都处于繁忙状态，以完成最多的操作量，从而减少闲置时间，提高生产效率。

6.2.2　制造执行系统

1．制造执行系统的定义

制造执行系统（manufacture execution system，MES）最早是由美国 AMR（Advance Manufacturing Research）公司在 20 世纪 90 年代初提出的，旨在加强物资需求计划（material requirement planning，MRP）的执行功能，把 MRP 同车间作业现场控制通过执行系统连接起来。

AMR 将 MES 定义为"位于上层的计划管理系统与底层的工业控制系统之间的面向车间层的信息管理系统"，它为操作人员和管理人员提供计划的执行、跟踪以及所有资源（人、设备、物料、客户需求等）的当前状态。

制造执行系统协会（Manufacture Execution System Association，MESA）对 MES 做了更加全面的描述："MES 能通过信息传递对从订单下达到产品完成的整个生产过程进行优化管理。当工厂发生实时事件时，MES 能对此及时做出反应、报告，并用当前的准确数据对它们进行指导和处理。这种对状态变化的迅速响应使 MES 能够减少企业内部没有附加值的活动，有效地指导工厂的生产运作过程，从而使其既能提高工厂及时交货能力，改善物料的流通性能,又能提高生产回报率。MES还通过双向的直接通信在企业内部和整个产品供应链中提供有关产品行为的关键任务信息。"

MESA在对MES的定义中强调了三点:首先,MES是对整个车间制造过程的优化,而不是单一地解决某个生产瓶颈;其次,MES必须具备实时收集生产过程中数据的功能,并对数据进行相应的分析和处理;最后,MES需要与计划层和控制层进行信息交互,通过企业的连续信息流来实现企业信息集成。

2. MES 的功能

根据MESA提出的MES功能组件和集成模型可知,MES具有11个功能模块,分别是资源分配与状态管理、工序详细调度、生产单元分配、质量管理、过程管理、文档管理、产品跟踪、数据采集、人力资源管理、维护管理和性能分析,如图6-3所示。

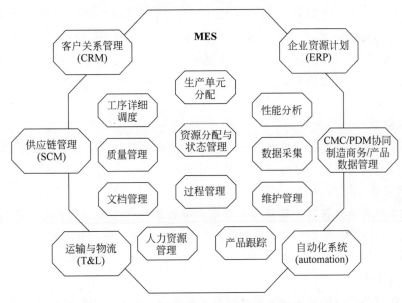

图 6-3 MESA 提出的 MES 技术模型

1) 资源分配与状态管理

资源分配与状态管理模块用来对机床、工具、人员、物料以及其他生产实体进行管理,进而保证生产的正常进行。除此之外,还要提供资源的实时状态信息以及设备使用情况的历史记录,确保设备能够正常安装和运转以及实现对资源的管理。

2) 工序详细调度

工序详细调度是基于有限能力调度并通过考虑生产中的交错、重叠和并行操作来准确计算出设备上下料和调整时间。该模块提供与指定生产单元相关的优先级、属性和特征的作业排序功能,可以通过良好的作业顺序最大限度减少生产过程中的准备时间。

3) 生产单元分配

生产单元分配模块以作业、订单、批量和工作单等形式管理生产单元间的工作流。当车间有事件发生时,要提供相应的调度信息并按此进行相应的实时操作。同时,生产单元分配模块还能够调整车间已制定的生产进度,对返修品和废品进行处理,并且用缓冲管理的方法控制任意位置在制品的数量。

4) 质量管理

质量管理模块根据工程目标来实时记录、跟踪和分析产品加工过程的质量,以保证产品的质量控制,并且根据质量管理的结果来确定生产中需要注意的问题。

5) 过程管理

过程管理模块用来监控生产过程,并且自动纠正生产中产生的错误,还可以为用户提供决策支持,以此来提高生产效率。除此之外,过程管理模块还包括报警功能,使车间人员能够及时察觉到出现了超出允许误差的加工过程。通过数据采集接口,过程管理还可以实现智能设备与 MES 之间的数据交换。

6) 文档管理

文档管理模块的作用是控制、管理并传递与生产单元有关的信息文档,包括工作指令、配方、工程图纸、标准工艺规程、零件的数控加工程序、批量加工记录、工程更改通知以及各种转换操作间的通信记录,并且提供信息编辑功能。同时,该模块将各种指令下达给操作层,包括向操作者提供操作数据或向设备控制层提供生产配方。此外,文档管理模块还具有存储历史数据以及对其他重要数据(与环境、健康和安全制度有关的数据)的控制与完整性维护功能。

7) 产品跟踪

产品跟踪模块通过监视工件在任意时刻的位置和状态来获取每一个产品的历史记录,该记录可以向用户提供每个最终产品使用情况的可追溯性。

8) 数据采集

数据采集模块通过数据采集接口来获取并更新与生产管理功能相关的各种数据和参数,包括产品跟踪、产品维护历史记录和其他参数。这些现场数据可由车间工作人员用手工方式录入或由各种自动方式获取,但是不同方式数据采集的时间间隔差别很大。

9) 人力资源管理

人力资源管理模块提供按分钟更新的员工状态信息数据(工时、出勤等),并且根据人员资历、工作模式以及业务需求的变化来指导相关人员的工作。

10) 维护管理

维护管理模块通过活动监控和指导,保证机器和其他资产设备的正常运转。

11) 性能分析

性能分析模块将实际制造过程中测定的结果与过去的历史记录和企业制定的目标以及客户的要求进行比较,输出的报告进行在线显示用来改进和提高性能。

6.2.3 仓储管理系统

仓储管理系统(warehouse management system,WMS)是一个实时的计算机软件系统,它能够按照运作的业务规则和运算法则对信息、资源、行为、存货和分销运作进行管理,使其最大化满足有效产出和精确性的要求。

1. WMS 的功能模块

WMS 的基本功能模块包括系统设置模块、基本信息模块、采购管理模块、仓库管理模块以及报表生成模块。

1) 系统设置模块

完整的 WMS 具有自定义仓库管理规则的功能,这与用户在后续仓库管理的工作流程实施密切相关,包括管理员权限、出入库策略、审批管理等。

2) 基本信息模块

基本信息模块包含物料、类别、单位、客户、供应商、仓库、标签等基础数据,管理人员可以在系统中对以上信息进行添加、删除以及编辑等操作,确保基础信息的及时更新。

3) 采购管理模块

采购管理模块是 WMS 中的一个重要模块,包含订单、收货以及入库三个部分。当进行采购时,填写采购订单,此时库存信息并不发生变化;当采购订单被批准,完成采购到货时,货物被贴上条形码序列号标签,在采购收货单上扫描该条形码,保存后库存会自动增加;借出货物归还、退货等只需要填写采购收货单。

4) 仓库管理模块

仓库管理模块是 WMS 的核心,包括产品出入库、库存管理、调拨管理、盘点管理、库存预警等基本功能。WMS 凭借信息化的手段实现信息的实时同步和动态管理,并自动生成单据,保证企业的正常生产经营。

5) 报表生成模块

WMS 可以根据系统数据自动生成采购报表、盘点报表、销售报表以及其他自定义报表等,帮助管理者在最短的时间内掌握信息。

2. WMS 的应用

1) 制造行业

WMS 可以满足制造业中多业务仓库管理需求,解决日常库存、出入库、订单等管理难题,实现多维度对库内产品的上架特性、批次以及出库策略的全程可视化管控。除此之外,WMS 系统还可以与企业资源计划(enterprise resource planning,ERP)、MES 和供应商管理(supplier relationship management,SRM)等信息系统集成,实现各系统之间的数据流通,打破信息孤岛,实现更加完善的仓储信息化管控。

2) 电商行业

随着电子商务行业的发展,人们对订单的时效性、作业的失误率等提出了更高的要求。传统的劳动力已经不能适应海量订单、高批次、少批量的电商仓储特性。通过部署电商WMS 系统,可以在业务、流程和人员之间形成广泛的协同效应,有效管理库存,更加实时可靠地完成产品出库。此外,电商 WMS 系统还可以准确处理海量数据,帮助管理人员及时了解入库、拣货、补货、库存、出库等环节信息,从而更好地制定仓库运营计划。

3) 物流行业

在物流企业中,仓储管理是影响物流效率与质量的重要环节,高效准确的仓储可以帮助企业加快物流流动速度、降低企业运营成本。通过应用 WMS,可以帮助物流企业实现仓库信息的自动化、精细化管理,并且可以指导和规范仓库人员日常作业,完善仓库管理,整合仓库资源,实现数字化管理。除此之外,还可以对出入库、调拨、库存量、仓库使用空间等业务进行实时查询与监控,进而提升业务效率和准确率,减少时间和人力成本,提高企业效益。

6.2.4　云计算

按照美国国家标准与技术研究院的定义,云计算是一种按使用量付费的模式,这种模式提供可用的、便捷的、按需的网络访问,进入可配置的计算资源共享池(资源包括网络、服务器、存储、应用软件和服务),这些资源能够被快速提供,只需投入很少的管理工作,或与服务供应商进行很少的交互。

1. 云计算部署模式

云部署模型表示特定类型的云环境,主要通过所有权、大小和访问对象来区分。常见的云部署模型有以下四种:公共云、社区云、私有云和混合云[40]。

1) 公共云

公共云是由第三方提供的可公开访问的云环境。公共云上的 IT 资源通常以一定成本或者免费提供给云消费者,云提供商负责创建和持续维护公共云及其 IT 资源。通过采用公共云,可以降低使用成本,云消费者只需要为使用的资源付费,而不需要耗费大量的资源去维护硬件、网络和带宽等基础设施。但是在进行大量数据传输时会占用大量带宽,导致相应的网络费用大幅提升。此外,由于数据并不存储于本地的数据中心,公共云的安全性和隐私性存在一定风险。

许多互联网公司都推出了相应的公共云平台,例如微软的 Windows Azure、亚马逊的 Amazon Web Services 以及 IBM 的 IBM Cloud。

2) 社区云

社区云类似于公共云,不同之处在于它的访问权仅限于特定社区的云消费者。社区云由社区成员共同拥有或由第三方云提供商提供访问受限的公共云。社区的云消费者通常分担定义和发展社区云的责任。社区成员并不一定保证访问或控制所有云的 IT 资源,除非社区允许,否则通常不允许社区以外的各方进入。

3) 私有云

私有云是指仅供云消费者自己使用的云,它所有的服务不是供别人使用,而是供自己内部人员或分支机构使用。私有云的部署比较适合于有众多分支机构的大型企业或政府部门。相对于公共云,私有云的数据安全性、系统可用性都可以得到保证,但其缺点是投资较大。

4) 混合云

混合云是由两个或多个不同的云部署模型组成的云环境。例如云消费者可以选择将处理敏感数据的云服务部署到私有云,将其他不太敏感的云服务部署到公共云。由于云环境中的潜在差异以及管理职责通常在私有云提供商和公共云提供商之间分配这一事实,混合部署架构的创建和维护变得复杂且具有挑战性。

2. 云计算架构

云计算架构分为服务和管理两大部分,如图 6-4 所示。在服务方面,主要以基于云的各种服务为主,共包含 3 个层次:基础设施即服务(IaaS)、平台即服务(PaaS)、软件即服务(SaaS)。

IaaS(infrastructure as a service)主要包括计算机服务器、通信设备、存储设备等,是指

图 6-4　云计算架构

把 IT 基础设施作为一种服务通过网络对外提供,并根据用户对资源的实际使用量或占用量进行计费的服务模式。

　　PaaS(platform as a service)为开发人员提供了一个框架,通过将应用程序部署到供应商的云计算基础设施,使供应商可以创建自定义应用程序。客户不需要管理或控制底层的云基础设施,包括网络、服务器、操作系统、存储设备等,但客户可以控制部署的应用程序,也可以控制运行应用程序的托管环境配置。

　　SaaS(software as a service)是一种通过互联网提供软件服务的软件应用模式。在这种模式下,用户不需要再花费大量资金用于硬件、软件和开发团队的建设,只需要支付一定的租赁费用,就可以通过互联网享受到相应的服务,而且整个系统的维护也由厂商负责。

　　在管理方面,主要以云的管理层为主,它的功能是确保整个云计算中心能够安全、稳定地运行,且能被有效管理。

6.2.5　工业机器人

1. 工业机器人的组成

　　工业机器人通常由执行机构、控制系统、驱动系统以及检测系统四部分组成,如图 6-5所示。

　　1) 执行机构

　　执行机构是一种具有和人手臂相似的功能动作,可用来抓放物体或者执行其他操作的机械装置。执行机构通常包括末端执行器、手腕、手臂和机座。

　　末端执行器是机器人直接执行工作的装置,可安装夹持器、工具和传感器等;手腕是连接手臂和末端执行器的部件,用以调整末端执行器的方位和姿态;手臂是支撑手腕和末端执行器的部件,它由动力关节和连杆组成,用来改变末端执行器的空间位置;机座是工业机器人的基础部件,用来承受相应的载荷。

　　2) 控制系统

　　控制系统是工业机器人的指挥中心,控制工业机器人按规定的程序动作。控制系统还

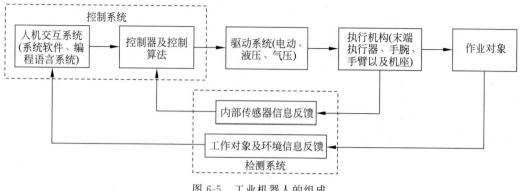

图 6-5　工业机器人的组成

可存储各种指令(运动轨迹、运动速度以及动作的时间节奏等),同时还向各个执行元件发出指令。除此之外,控制系统还对机器人的动作加以监视,能自己排查出故障发生的原因并及时发出报警信号。

按照不同的分类标准,控制系统可以划分为以下几类:根据是否具有信息反馈特征,可以分为开环控制系统和闭环控制系统;根据控制原理,可以分为程序控制系统、适应性控制系统和人工智能控制系统;根据控制运动形式,可以分为点位控制系统和轨迹控制系统。

3) 驱动系统

工业机器人的驱动系统是向执行系统各部件提供动力的装置,包括驱动器和传动机构两部分,它们通常与执行机构连成一体。驱动器通常有电动、液压、气压装置以及把它们结合起来应用的综合系统。不同方式的驱动系统的对比如表 6-1 所示。

表 6-1　不同方式的驱动系统的对比

驱动方式	电力驱动	液压驱动	气压驱动
工作原理	利用电动机产生的力或力矩直接或经过减速机构驱动机器人,以获得所需的位置、速度和加速度	由液动机、伺服阀、油泵、油箱等组成,以压缩机油来驱动执行机构进行工作	由气缸、气阀、气罐和空压机等组成,以压缩空气来驱动执行机构进行工作
优点	电源易取得,无环境污染,响应快,驱动力较大,信号检测、传输、处理方便,可采用多种灵活的控制方案,运动精度高,成本低,驱动效率高	操作力大、体积小、传动平稳且动作灵敏、耐冲击、耐振动、防爆性好	空气来源方便、动作迅速、结构简单、造价低、维修方便、防火防爆、漏气对环境无影响
缺点	多与减速装置相连,直接驱动比较困难	对密封的要求较高,对温度敏感	操作力小、体积大,又由于空气的压缩性大,速度不易控制、响应慢、动作不平稳、有冲击
适用场合	适用于中小负载,要求具有较高的位置控制精度、轨迹控制精度以及速度较高的机械手	多用于特大功率的机器人系统	多用于精度不高的点位控制机器人

传动机构是连接动力源和运动连杆的关键部分,根据关节形式,常用的传动机构形式有直线传动和旋转传动机构,其优缺点对比如表 6-2 所示。

表 6-2 常用的传动机构优缺点对比

传动机构形式		优 点	缺 点
直线传动	齿轮、齿条	结构简单	回差较大
	滚珠丝杠	摩擦力小,传动效率高,无爬行,精度高	制造成本高,结构复杂
旋转传动	齿轮链 圆柱齿轮	结构简单,传动效率高	传动平稳性差,噪声较大
	齿轮链 斜齿轮	可以改变输出轴方向	制造和安装复杂
	齿轮链 锥齿轮	可以使输入轴与输出轴不在同一个平面	传动效率低
	齿轮链 蜗轮、蜗杆	传动比大,传动平稳,可实现自锁	传动效率低,制造成本高,需润滑
	齿轮链 行星轮系	传动比大	结构复杂
	同步皮带	无滑动,柔性好,重复定位精度高	具有一定的弹性变形
	谐波齿轮	传动平稳,传动效率高,承载能力高	不能获得中间输出,柔轮刚度较低

直线传动方式可用于直角坐标机器人的 x、y、z 向驱动,圆柱坐标结构的径向驱动和垂直升降驱动,以及球坐标结构的径向伸缩驱动。直线运动可以通过齿轮、齿条以及丝杠、螺母等传动元件将旋转运动转换成直线运动,也可以由直线驱动电机驱动,或者直接由气缸或液压缸的活塞产生。

旋转传动机构可以将电机驱动源输出的较高转速转换成较低转速,并获得较大的力矩。机器人中应用较多的旋转传动机构有齿轮链、同步皮带和谐波齿轮。

4) 检测系统

检测系统主要用来检测工业机器人执行系统的运动位置、状态,并随时将执行系统的实际位置反馈给控制系统,并与设定的位置进行比较,然后通过控制系统进行调整,使执行系统达到设定位置或状态。常使用力、位置、触觉和视觉等传感器。

2. 工业机器人的特点

工业机器人具有可编程、拟人化、通用性强以及机电一体化等特点[41]。

1) 可编程

工业机器人可以根据工作环境的变化进行编程,在小批量、多品种、具有高效率的柔性制造过程中能发挥很好的作用,是柔性制造系统(flexible manufacturing system,FMS)中的一个重要组成部分。

2) 拟人化

工业机器人在机械结构上与人比较相似,且由计算机进行控制。此外,工业机器人还配备了许多类似人类的"生物传感器",如力传感器、负载传感器、视觉传感器、声觉传感器等,这些传感器的应用提高了工业机器人对周围环境的自适应能力。

3) 通用性强

除了专用工业机器人外,一般工业机器人在执行不同的作业任务时具有较好的通用性。比如,更换工业机器人手部末端操作器(手爪、工具等)便可执行不同的作业任务。

4) 机电一体化

工业机器人技术涉及的学科相当广泛,但是归纳起来为机械学和微电子学的结合——机电一体化技术。第三代智能机器人不仅具有可以获取外部环境信息的各种传感器,而且还具有记忆能力、语言理解能力、图像识别能力、推理判断能力等人工智能,这些都和微电子技术的应用,特别是计算机技术的应用密切相关。

3．工业机器人的应用

1）焊接

机器人焊接应用主要包括点焊和弧焊。点焊是工业机器人最常见的应用，在汽车工业中广泛使用，点焊机器人的应用不仅让人类操作员摆脱了烦琐的操作，还大大提高了生产效率。弧焊产生的电弧会发射紫外线，对人眼有害，并可能造成永久性视力损害，弧焊还会造成其他危险，如高温、熔融金属、飞溅的火花和有毒烟雾等，采用机器人进行弧焊可以避免这些危险。虽然点焊机器人比弧焊机器人更受欢迎，但是弧焊机器人近年来发展势头十分迅猛，许多加工车间都逐步引入焊接机器人，用来实现自动化焊接作业。

2）分拣

分拣工作是物流系统中最复杂的一环，往往要消耗大量的人工成本和时间。自动分拣机器人能够实现 24 小时不间断分拣，且机器人可以在快速流水线作业中准确跟踪传送带的速度，通过视觉智能识别物体的位置、颜色、形状、尺寸等，并按照特定的要求进行装箱、分拣、排列等工作，其快速灵活的特点大大提高了企业生产线的效率，降低了企业的运营成本。

3）搬运

搬运机器人可以进行自动化搬运作业，通过安装不同的末端执行器以完成各种不同形状和状态的工件搬运工作，减轻了人类繁重的体力劳动。搬运机器人的优点是可以通过编程完成各种预期的任务，在自身结构和性能上有了人和机器的优势，体现出了人工智能和适应性。

6.3　主减速器智能制造新模式

6.3.1　智能工厂介绍

广西汽车集团轻量化汽车底盘关键零部件智能工厂于 2015 年开工建设，2018 年开始投产。智能工厂外观如图 6-6 所示。

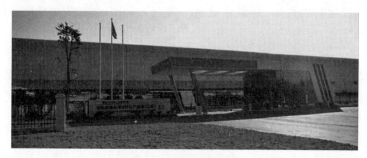

图 6-6　智能工厂外观

该智能工厂以工业互联网、云平台及智能软件、装备为基础，共完成主减速器装配线、驱动桥独立悬架装配线、差速器壳（以下简称差壳）机加工线、减速器壳（以下简称减壳）机加工线等多条数字化生产线建设及配套生产线 MES，完成智能物流系统、能源管理系统、设备管理系统、全生命周期管理系统（PLM）、工艺规划系统、工业云与智能服务平台、VR/AR 装配工艺仿真平台、MBD(model based definition，基于模型的定义）标准等建设、开发，实现了底盘关键零部件产品从设计、制造、质检到运营全过程的数字化、信息化。通过工业互联网建设,实现了全生产过程信息的集成与互通。

如图 6-7 所示,该智能工厂框架由物联对象层、CPS 网络层和 CPS 服务层组成[42],各层的详细组成以及功能将在后面的章节中进行详细介绍。

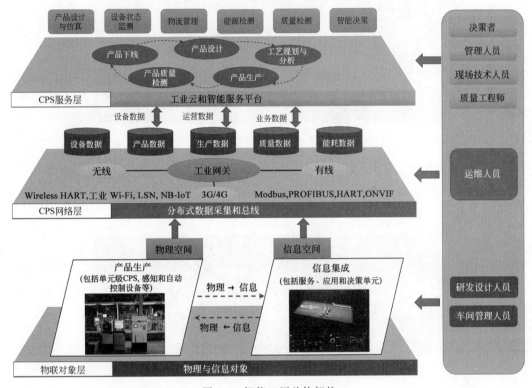

图 6-7 智能工厂总体架构

6.3.2 物联对象层

物联对象层主要用于产品设计、仿真和生产,包括物理空间和信息空间。

1. 物理空间

物理空间包括设备和原材料,主要有主减速器差壳/减壳加工线、主减速器装配线、智能设备和智能物流系统。

1) 主减速器差壳和减壳加工线

如图 6-8 所示,主减速器差壳和减壳加工线是基于加工中心、正倒立车、倒立车和正立车等设备构建的,并且以柔性化、高精度和高可靠性为目标。整个加工线内部设备间采用动力辊道连接,外形尺寸在线检测,形位公差由人工定时、定量采用三坐标测量仪抽查。通过采用总线控制加生产排查及监测质量信息自动生成报表。

整个加工线通过引入加工中心及整线桁架全自动机器人、6 轴机器人、智能在线三坐标测量工作站以及 CPS 系统等设备,整合加工线内不同工序物料自动流转(加工、过程检测、清洗、成品检测等),关键工序尺寸自动监控,在线统计过程控制(statistical process control, SPC)持续监控等功能,实现机加工与在线监测为一体,使得机加工工序高度自动化。机加工线布置有智能 CPS 控制系统，可以实现物理设备互连。CPS 控制系统通过整合生产线和控制设备信息，实现了 100% 自动化和精确质量追溯，并且与排产系统（MES、ERP）和物流管理系统（WMS）对接，实时向上传输生产物料信息。

图 6-8　主减速器差壳和减壳加工线

2）主减速器装配线

如图 6-9 所示，主减速器装配线是以数控装备及机器人为基础，集电气化装配、防错、实时在线质量检测设备于一体而构建的柔性可视化装配线。

图 6-9　主减速器装配线

整个装配线共配备各种位移、扭矩、视频测量传感器 115 个，设置防错点 108 个。装配线还部署了产线级 MES，通过集成生产管理、质量数据闭环管理、质量精确追溯系统和数据采集与监视控制（supervisory control and data acquisition，SCADA）系统，监控全线 56 个工序，实现生产线内关键设备间参数互通，100% 追溯和检测。除此之外，装配线还与上层排产系统及物流管理系统对接，实现了线边库物料信息自动传输。

3）智能设备

智能工厂依托现代传感技术、信息处理技术和计算机技术等，在制定产品质量评价标准基础上，研发了一系列产品在线智能检测装备，实现了产品 100% 在线检测。除此之外，还研发了一批智能装配设备，包括智能化选垫装备、数字化螺母拧紧机以及数字化启动力矩检测装备。这些智能装配设备可提高装配的精度和效率，实现装配过程的数字化和信息化。

（1）主减速器品质实时在线检测装备

针对生产过程中驱动桥主减速器返修率极高、生产成本增加以及传统检测方法和装备造成的误判、检测质量低等现实问题，该智能工厂采用了主减速器在线测试系统，从而实现了主减速器的数字化在线检测，并发布了一系列检测标准，满足了大规模化生产的要求。

该测试系统主要由硬件和软件两部分组成。硬件部分由机械系统、操作盒、主减速器夹具和控制柜组成，其中控制柜包括 PLC 及其控制电路、变频器、工控机、显示器、数据采集器、电荷放大器、传感器和连接电缆等；软件部分采用主减速器振动性能测试系统，利用多线程技术，能够实现数据采集和分析、振动波形显示、检测数据存储以及用户事件响应等多个任务。主减速器品质实时在线测试系统总体结构如图 6-10 所示。

图 6-10 主减速器品质实时在线测试系统总体结构

该系统通过模拟主减速器在实际运行过程中的工况对主减速器进行在线检测。电机主轴通过锥销连接法兰(或橡胶摩擦盘)带动主减速器运行，通过 PLC 及其控制电路对主轴电机进行控制，控制电机的正转与反转来模拟实际路况中的前进与后退。通过垂直和径向两个方向的加速度传感器对运行过程中的主减速器振动进行检测，根据大量实验测量得出固定转速下振动的临界阈值，通过对比实际工况下振动加速度与阈值大小来判断主减速器总成的生产质量。

(2) 主、被动齿轮啮合品质实时在线检测装备

针对主动齿轮与被动齿轮啮合配对时的振动噪声以及配对安装误差引起的系统振动问题，该智能工厂采用了主、被动齿轮啮合品质实时检测系统，从而实现了主、被动齿轮的数字化在线实时检测。

该测试系统主要由硬件和软件两部分组成。通过模拟配对齿轮在实际运行过程中的工况对配对齿轮运行过程中的水平与垂直方向的振动进行检测，根据大量实验数据得出固定转速下振动的临界阈值，从而建立测试标准。主、被动齿轮啮合品质实时在线检测装备如图 6-11 所示。

(a)   (b)

图 6-11 主、被动齿轮啮合品质实时在线检测装备
(a) 测试系统硬件装置；(b) 齿轮啮合情况

(3) 智能化选垫装备

装配线 MES 的建设实现了装配线智能装配设备内部数据互通。数字化选垫技术将测

量与装配分开,通过增加无损测量设备判断垫片厚度,通过 MES 将保障零部件性能的关键工艺参数传输至装配装备,由检测数据驱动装配,保障产品性能。智能化选垫装备如图 6-12 所示。

图 6-12　智能化选垫装备

（4）数字化螺母拧紧机

原来螺母拧紧依靠定扭力扳手,操作人员无法以均匀的速度用力,只能靠瞬间的冲力上紧螺母,因此,扭力矩较难保证,定扭力扳手也容易失去精度,还会引起隔套垫片发生较大的塑性变形。数字化螺母拧紧机可以实现自动拧紧螺母、对螺母拧紧扭力进行实时检测与报警,解决了扭力难保证、精度不高以及扭力不到位等问题。数字化螺母拧紧机如图 6-13(a)所示。

（5）数字化启动力矩检测装备

主减速器总成启动力矩原测量方式采用带表的扭力扳手检测,由于人为因素的影响,检测得到的数据准确性低、质量一致性差。而采用数字化启动力矩检测装备能够有效解决以上问题。图 6-13(b)所示为主减速器数字化启动力矩检测装备。

(a)　　　　　　　　　　　　　　(b)

图 6-13　智能装备实物图

(a) 数字化螺母拧紧机；(b) 数字化启动力矩检测装备

4）智能物流系统

智能物流系统是智能工厂的重要组成部分,主要服务于主减速器装配线、差壳机加工线、减壳机加工线等。智能物流系统如图 6-14 所示。整个智能物流系统建设有 900 个货位,4 台自动导航车(automated guided vehicle,AGV),36 个组合料架,1 套线旁自动对接工位,1 套仓储管理系统,物流吞吐能力达 40 万套/年。

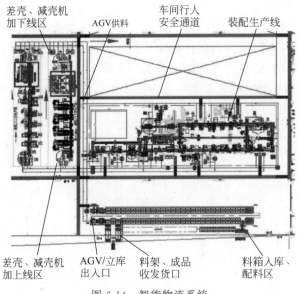

图 6-14 智能物流系统

智能物流系统通过全自动立体仓库、AGV、WMS、仓储控制系统(warehouse control system,WCS)、库房设备控制系统等软硬件设施,构建了采购件收货/存储、物料分拣/备料/配送上线、成品入库/存储/发货等 3 个数字化、智能化作业模块。

(1) AGV

智能工厂物流运输过程采用激光导引拖挂式 AGV 带料架的方式进行,可实现物料循环配送上线以及成品下线的自动化、无人化。

AGV 采用全组动态设计,可根据任务灵活配置,通过采用视频导航全息技术进行导航,并且使用激光导航、地图导航、二维码辅助精确工位等多种技术,可实现实时路线规划及交通管制,使得 AGV 运行过程完全可追溯。除此之外,AGV 系统还采用了调度管理系统模块,可以实现自动调度和智能任务排配,从而达到 AGV 使用效率最优化的目的。AGV 系统网络架构如图 6-15 所示。

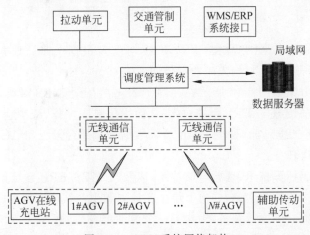

图 6-15 AGV 系统网络架构

（2）全自动立体仓库

全自动立体仓库由大件库和小件库（根据零件的特性分类）组成，有效提高了场地及库位的使用效率。全自动立体仓库通过自动化设备及系统投入，可实现采购件收货/存储、总成件入库/出库全程自动化（见图 6-16），全流程（收货→配送→入库→发货）自动化及智能化设计，通过信息系统控制实现无人分拣、无人入库。

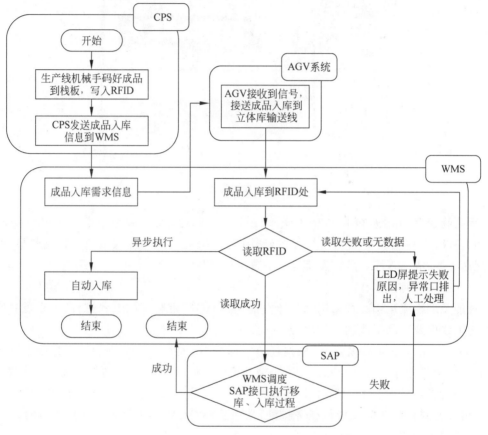

图 6-16　全自动立体仓库入库流程

（3）WMS

智能物流系统通过与 MES/ERP 系统集成，可实现根据生产计划需求完成物料分拣、上线及成品下线并同步将物料出入库数据传递到 ERP。

物流系统集成方案如图 6-17 所示，WMS 通过与装配线 MES 对接，按 MES 指令配送上线。除此之外，WMS 还与 ERP 系统对接，从而优化料账操作，减少仓管员收货点数等操作。WMS 还运用了二维码标识技术，并配合大数据分析平台系统和 AGV＋WMS 软件，自动智能匹配物流配送任务。

通过采用二维码标识技术、视频导航技术，以及与 MES/ERP 系统集成，智能物流系统实现了自动获取线边库物料信息，并由上层生产计划和生产线生产指令驱动 AGV、堆垛机、自动分拣工装和智能立体库等装备，构建了一个流动的零落地、零等待、零库存的智能物流体系，其中包括智能工装拣货、智能 AGV 配送、智能单元线、智能立体库等模块，实现了与

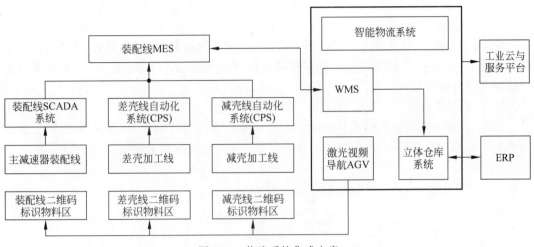

图 6-17　物流系统集成方案

生产线出/入口、装配线、输送线、站台、货架、作业点等的有机结合,通过信息系统实现全流程(收货→配送→入库→发货)自动化。

2. 信息空间

信息空间包括服务、应用和决策单元,在该智能工厂中主要通过装配线 MES 和信息系统集成来实现。

1) 装配线 MES

智能工厂通过开发部署主减速器装配线 MES,实现了主减速器产品的数字化生产管理。如图 6-18 所示,通过信息集成技术实现了装配线 MES 与装配线 SCADA 系统、主减速器差壳线自动化系统及主减速器减壳线自动化系统无缝集成。通过装配线 MES 对装配、机加工过程进行一体化管控。例如,装配线 MES 下达生产计划及排产计划的同时,自动实现配套差壳、减壳生产任务的下达。

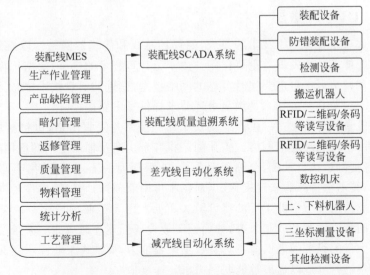

图 6-18　主减速器装配线 MES 功能

装配线 MES 包括生产作业管理、产品缺陷管理、暗灯管理、返修管理、质量管理、物料管理、统计分析、工艺管理等业务应用。整体实现面向生产线的生产管理和制造执行过程的数字化。

MES 与机器人、机床设备、检测设备、扫描枪等设备实现接口对接,通过 PLC 与整线系统传输交互,采集零件生产信息、上线零件关联信息和设备运行状态信息,从而实现零件生产追溯和设备状态监控。

2) 信息系统集成

装配线 MES 与智能物流系统(WMS、AGV、立体仓库等)、ERP、设备管理系统、工业云与服务平台等对接,保持生产信息和设备状态等同步。系统集成示意图如图 6-19 所示。

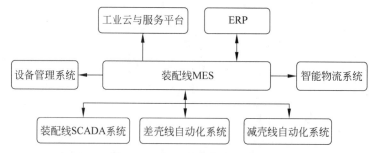

图 6-19　MES 系统集成示意图

装配线 MES 通过与 ERP 系统集成实现生产线物料信息、产品信息维护以及完工数据统计;通过与设备管理系统集成,将 SCADA 系统采集的设备信息实时传输到管理系统,实现设备管理、设备维护以及设备分析过程的信息化、数字化;通过与工业云与智能服务平台对接,实现生产运营的高度集中化;通过与智能物流系统对接,采用全自动立体仓库、AGV物流配送系统等设备,实现装配线、差/减壳机加工线上料机成品运输的智能化、无人化。

当生产与其他信息系统通信中断时,整线系统可独立运行,保证生产正常运作,数据缓存在整线系统中,通信恢复后再同步数据到相关信息系统中。MES 服务器可存储 3 年以上数据,并可扩展。

6.3.3　CPS 网络层

工业网络代表了各种网络技术的集成,如现场总线和传感器网络。以感知和控制为特征的网络层在智能工厂中发挥着重要作用。由于云计算技术的进步,数据传输、智能设备之间的信息共享和制造云平台需要实时可靠的网络技术,先进的信息技术(如工业无线传感器网络、现场总线等)及其相关技术为满足上述要求提供了重要途径。

工业网络既包括部署于工厂生产现场及车间的控制与采集网络,也包括用于将各个系统连接和打通的系统管理通信网络。工业网络将各个生产及辅助生产的应用进行跨系统连接,这些系统包括制造执行系统、仓储管理系统、能源管理系统、数据采集与监控系统、分布式控制系统等,其需求特点为长连接,数据通信不可中断,对时间的敏感性较强。

可靠的工业网络对于智能工厂的建设至关重要。由于工业现场设备种类繁多,不同工业通信协议之间难以做到开放和兼容,如何使工业设备互连互通成为一大难题。此外,在工业现场还存在大量的设备因老旧而不具备数据采集能力,要推进工业互联网深化应用,企业必须对这些设备进行改造以适应智能联网需求。

该智能工厂采用现场总线技术构建车间通信网络,连接物联对象层和 CPS 服务层。同时,分布式数据采集系统通过部署在设备上的各种传感器,将生产过程中的设备数据、产品数据、质量数据上传到云服务平台。智能工厂网络架构如图 6-20 所示,整个工厂部署有 2 台核心交换机、2 台服务器交换机、10 台接入交换机、2 台防火墙、2 台无线控制器、25 台无线 AP(access point,接入点);部署 Dell EMC Vxrail 4 节点超融合系统,单节点提供 2 路 20 核 CPU、128GB 内存及 12TB 裸容量存储空间,通过 VMware vSphere 提供一体化云计算解决方案;4 个分配线架(intermediate distribution frame,IDF)及物流立体库机柜接入到总配线架(main distribution frame,MDF),共 10 条万兆多模光纤线路;装配线、机加工线、物流办公点网络接入、办公楼及车间无线 AP 布线。

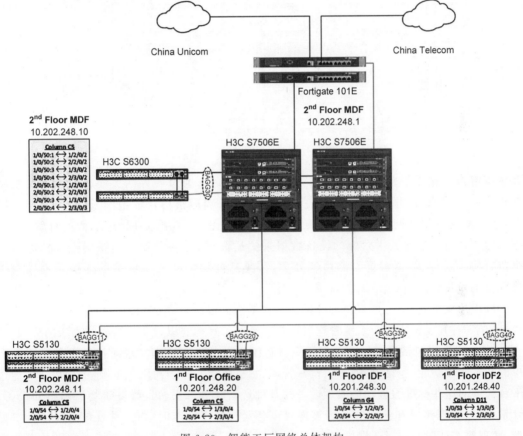

图 6-20 智能工厂网络总体架构

在该智能工厂工业网络中采用统一接入服务,基于现代通信、TCP、MQTT、OPC-UA、HTTP、CANBUS 等互联标准协议,实现智能设备、网关、非智能设备、在线业务系统、业务管理等灵活快速的接入功能,无须编程即可远程配置接入设备的注册地址,实现测量点的数据采集。

6.3.4 CPS 服务层

1. 云平台总体架构

云平台的总体功能架构如图 6-21 所示,主要包括设备接入平台 IaaS 层、应用开发工具 PaaS 层、SaaS 应用层三部分。

设备接入平台 IaaS 层作为工业云平台的核心基础构件,主要负责设备数据的采集以

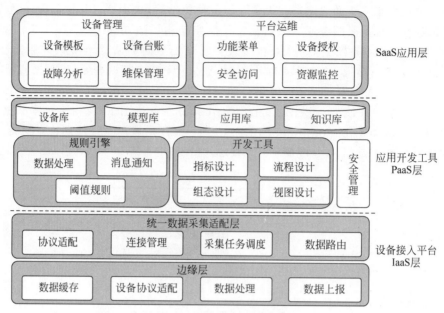

图 6-21　云平台总体功能架构

及数据解析。接入平台包括两部分：一是边缘侧部分，通过硬件网关或者软件网关实现与设备的连接通信，并且采集原始数据，按合适的云端通信协议上报给云端，边缘层的网关（硬件网关或软件网关）具备数据缓存、设备协议解析、数据处理（边缘侧的计算）和数据上报等功能；二是云平台侧的设备数据采集适配层，主要负责对边缘层上报的海量数据进行协议适配、数据解析与路由等处理，采集适配层的核心是网关的连接管理以及采集任务的调度。

应用开发工具 PaaS 层提供的开发工具包括组态设计器、仪表板设计器、流程设计器和规则引擎等，开发者或企业系统管理员可基于这些工具构建以设备为核心的物联网应用。

SaaS 应用层包括设备运营管理和平台运维。设备运营管理实现对接入设备在云平台中的基本管理功能，包括设备信息、台账管理、状态监测、故障告警、工单服务等，用户可通过平台提供的这些标准服务功能实现设备的基础运营管理。平台运维基于物联网感知设备、计量表计、数据流量和使用时长等实现对设备运行情况的实时监控，并且结合灵活计费模型，实现按需计费。同时还提供安全接入、安全传输/存储、数据授权、功能授权以及安全登录等机制，实现对数据的多层保护，构建安全可靠的数据环境。

2. 云平台智能决策分析系统

智能决策分析系统旨在建立数据驱动平台，实现装配工艺参数优化、故障智能预测、产品品质评价及能源优化调度。智能决策分析系统总体架构如图 6-22 所示。

数据基础平台将从物理空间和信息空间收集到的产品数据和设备运行数据通过工业网络传输至数据应用平台。一方面对收集到的数据建立数据模型，包括评估模型、诊断模型和预测模型等；另一方面对数据进行集成和分析。将处理后的数据进行可视化，各类专业人员通过获取到的数据进行决策，包括故障预警预测、质量分析、运营优化分析和影响性分析，最终实现智能决策。

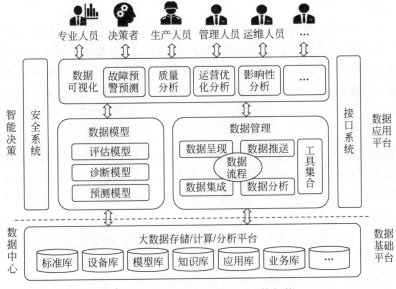

图 6-22 智能决策分析系统总体架构

3. 数据集成平台

如图 6-23 所示,数据集成平台可以分为数据集成、数据处理、数据存储、数据分析以及数据展现五部分。数据集成平台整体上基于分布式技术思想进行设计,采用分层结构,通过各层次引入分布式技术,实现系统的高处理性能以及良好的水平扩展能力。平台底层是接入适配器集群,负责设备和系统的数据接入与数据交互,往上是基于流式的数据处理和数据存储集群,对集成的设备状态数据进行聚合、阈值判断等处理,并将处理结果存储起来,同时提供统一的数据访问接口,结合设备数据和业务系统数据,为数据分析与业务的可视化呈现提供服务。

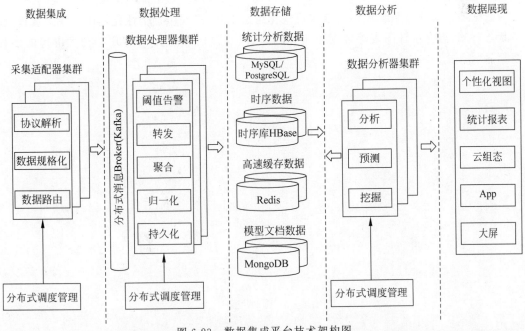

图 6-23 数据集成平台技术架构图

1）数据集成层

数据集成层采用适配器技术，实现与各类设备、系统的数据集成。数据集成包括协议解析、数据规格化、数据路由等功能。协议解析是对不同系统的数据通信和报文格式等进行解析，从而实现数据的广泛接入；数据规格化通过数据清洗、转换，达到数据格式的统一与标准化，为后续的数据计算、分析提供基础；数据路由则实现设备的数据采集点与管理的目标对象之间的映射。

2）数据处理层

数据处理层基于流式处理框架 Storm，实现对数据的存储、转发、聚合、阈值判断等操作。由于数据处理层对系统的性能要求较高，需要系统在短时间内处理大量的设备状态数据，因此系统引入了 Storm 框架技术，以此来实现对工业数据的实时大规模处理。

3）数据存储层

由于设备诊断中心系统需要处理的数据种类各不相同，数据量也存在差异，因此需要针对不同类型的数据，结合数据应用特点，设计与应用不同类型的数据库。

物联网应用往往需要处理海量的时间序列数据，有别于传统的关系型数据库，时序数据库针对时间序列数据的存储、查询和展现进行了专门的优化，从而获得极高的数据压缩能力、极优的查询性能；设备模型数据的特点是根据业务需要灵活定义，不同设备、生产线上的属性信息可能都不同，非常适合采用文档型数据库 MongoDB；高速缓存数据采用分布式内存数据库，对高频访问数据提供缓存服务，加速数据访问效率；统计分析数据与管理数据采用传统的关系库，以便于后续生成丰富的报表。

4）数据分析层

数据分析层对集成的状态数据、业务管理数据以及运维流程中产生的管理数据进行数据的实时分析与数据挖掘。系统通过指标设计工具提供了灵活和可扩展的数据分析能力。

5）数据展现层

数据展现层通过系统提供的众多可视化组态工具，实现包括个性化的用户视图看板、设备状态监测、综合统计图表等数据可视化功能，以及包括移动 App 客户端与大屏等的多种终端显示方式。

第7章

总结与展望

7.1 智能设计的发展前景

随着"智能制造 2025"国家发展战略的提出,智能制造的发展已经进入了快车道,且已经完成了柔性制造的生产模式,提升了制造业的效率,能够满足客户的个性化需求。相比之下,设计过程已经成为产品生命周期中的薄弱环节,在理论、方法和技术上暴露了很多问题,其主要表现在以下方面[43]:

(1) 当前的数字化设计技术主要集中于产品详细设计、结构设计以及工艺设计,对于决定产品创新的概念设计以及系统设计的支撑不足,急需基于知识的系统设计技术。

(2) CAD 技术虽发展较为成熟,但由于缺乏对数学方法的描述,难以支持更高层次的设计活动。未来的智能设计工具需要更高的设计空间来完成更加复杂的设计计算。

(3) 现有的 CAE 技术多体现为基础学科(机械动力学、固体力学、流体动力学、电学、控制理论等)软件化,几乎是一个基础学科对应于一类计算软件,虽然这些技术和方法都很有效,但使用这些方法都需要较专门的知识,要求技术人员不仅要对这些方法的原理有一定的了解,而且会使用相应的软件。很多软件要求使用者具有一定的经验,在使用软件前后都要做大量的工作,这些都给设计者带来很大的不便。而复杂产品是由多领域、多学科物理集成的,因此未来智能的设计技术需要加强多领域模型协同设计的计算与优化。

(4) 复杂机械系统均具有信息物理融合特征,是典型的多领域、多学科融合系统,智能装备系统设计包含大量信息、软件及控制技术,如何有效支撑信息与物理的协同开发是当前智能设计的重要方向。

智能 CAD 系统中的智能设计(intelligent design)和基于知识库系统(knowledge based system)的工程是产品设计发展过程中的新趋势。欧美等发达国家和地区提出了"基于模型的系统工程 2025 发展计划",旨在建立全新的基于模型的理论、方法和软硬件体系,以应对复杂智能 CAD 系统的挑战。

　　而装备能力的提升关键在于提高装备的设计研发能力。我国作为制造业大国,制造业的发展水平大而不强,与工业发达国家相比,我国制造业的智能设计能力仍处于弱势地位,尤其在理论、方法和技术层面上均存在较大的差距,缺乏针对复杂机电产品的建模、分析、优化和协同管理能力。在传统设计方法的基础上,亟须结合数字化设计方法理论及现代设计工具,收集设计中存在的大量经验公式、经验取值和经验设计方法以制定一系列的智能设计规范和经验设计规则,从而提高智能化设计能力。

　　未来的智能设计将由机械系统向多机械系统信息与物理融合的方向发展,由单学科向多学科方向发展,由支持几何结构的设计向支持多学科数字仿真的方向发展,由支持一般设计向支持概念设计的方向发展。未来智能设计技术的研究重点将集中在以下几方面[44]:

　　(1) 智能方案设计。方案设计是方案的产生和决策阶段,是最能体现设计智能化的阶段,是设计全过程智能化必须突破的难点。

　　(2) 面向 CAD 的设计理论。包括概念设计和虚拟现实、并行工程、健壮设计、集成化产品性能分类学及目录学、反向工程设计法及产品生命周期设计法等。

　　(3) 面向制造的设计。以计算机为工具,建立用虚拟方法形成的趋近于实际的设计和制造环境。具体研究 CAD 集成、虚拟现实、并行及分布式 CAD/CAM 系统及其应用、多学科协同、快速原型生产和生产的设计等人机智能化设计系统。智能设计作为面向应用的技术,其研究成果最后还要体现在系统建模和支撑软件开发及应用上。

　　作为创新前端的工业设计,设计的智能化是进化的必然。而且智能制造领域急需智能设计与之配套发展。在人工智能迅猛发展的背景下,发展智能化工业设计的前提条件已基本具备,后续仍需加速进行系统的理论和方法研究[31]。

7.2　智能制造的发展前景

7.2.1　智能制造装备助推制造业转型升级

　　智能制造装备包括工业机器人、智能机床、智能传感器等,智能装备的采用能极大地提高企业生产效率,进而助推企业转型升级。

　　工业机器人是实施智能制造的重要载体,通过采用机器人技术,构建智能化、数字化、自动化的车间,数字车间机器人的推广应用不仅能提高机器人的智能化水平,还能替代人类的体力劳动以及部分脑力劳动。多机器人协同作业是未来机器人的发展趋势之一,由多机器人组成的系统相较单机器人具有环境适应能力强、承载力大、鲁棒性强等特点,通过多机器人之间的协同合作,多机器人系统可以可靠、高效地完成单机器人无法完成的复杂任务。机器人技术和虚实结合应用也是目前机器人研究领域的热点。通过大量仿真以及虚拟现实,将虚拟现实与车间实际加工过程有机结合起来,可以减少研制时对实体机器人的依赖,降低生产成本,提高生产效率,还能有效避免使用机器人所带来的安全隐患。此外,人机融合也是工业机器人智能化发展的必由之路。人机融合是指人和机器人各自发挥优势,共同完成各项生产任务,而不是机器取代人类。人机融合不光有语言互动,还有情感互动以及智慧交流,是简单协同的一个提升。人机融合既替代了人类一些简单、重复、高危险的工作,又弥补了机械人操作不灵活、变通性差的缺点,通过人机融合可以提高企业生产率、竞争力。

智能机床是在新一代信息技术的基础上,应用新一代人工智能技术和先进制造技术深度融合的机床,它利用自主感知与连接获取与机床、加工、工况、环境有关的信息,通过自主学习与建模生成知识,并能应用这些知识进行自主优化与决策,完成自主控制与执行,实现加工制造过程的优质、高效、安全、可靠和低耗的多目标优化运行,成为智能制造的重要组成部分[45]。机床的智能化主要体现在机床部件本身的智能化以及数控系统的智能化[46]。机床部件智能化包括主轴单元、进给驱动以及结构化的智能化,用以抑制振动以及热变形补偿等。例如日本山崎马扎克公司研发的智能主轴,装有温度、振动、位移及距离等多种传感器,不但具有温度、振动、夹具寿命监控和防护功能,而且能够根据温度、振动状态,智能协调加工参数。智能数控系统应用神经网络、模糊理论以及专家系统等人工智能技术,吸纳工艺参数优化专家系统、自适应控制、加工过程监控以及智能诊断等功能。例如奥地利 WFL 的Crash Guard 防撞卫士系统,利用 CNC 系统的高速处理能力,实时监控机床的运动,确保机床在手动、自动等各种运动模式下均能正常工作,降低运行过程中机床突发事故的发生率,提高机床工作的安全性和可靠性[47]。机床智能化以及网络化为制造资源社会共享、构建智能工厂创造了条件,并且可以推动制造业转型发展,提高企业的智能化水平。

智能传感器是指具有信息采集、信息处理、信息交换、信息存储等功能的多元件集成电路,是集传感单元、通信芯片、微处理器、驱动程序、软件算法等于一体的系统级产品,同时也是智能制造系统中数据收集的关键基础组件。智能传感器将朝着微型化、集成化以及多样化方向发展。微机电系统(micro electro mechanical system,MEMS)技术的发展是传感器微型化的基础,随着集成微电子机械加工技术的日趋成熟,MEMS 传感器将半导体加工工艺(氧化、光刻、扩散、沉积和蚀刻等)引入传感器的生产制造,实现了规模化生产,并为传感器微型化发展提供了重要的技术支撑。传感器集成化包括两种:一种是同类型多个传感器的集成,即具有相同功能的多个传感元件采用集成工艺在同一平面上排列,组成线性传感器(如 CCD 图像传感器);另一种是多功能一体化,如将几种不同的敏感元器件制作在同一硅片上,制成集成化多功能传感器,集成度高、体积小,容易实现补偿和校正。新材料技术的突破加快了新型传感器的涌现。新型敏感材料是传感器的技术基础,材料技术研发是提升性能、降低成本和技术升级的重要手段。除了传统的半导体材料、光导纤维等,有机敏感材料、陶瓷材料、超导材料、纳米和生物材料等成为研发热点,生物传感器、光纤传感器、气敏传感器、数字传感器等新型传感器加快涌现。

7.2.2　工业大数据的广泛应用

随着全球制造业数字化、信息化以及智能化的步伐不断加快,工业大数据成为制造业与新一代信息与通信技术深度融合的落脚点之一,工业大数据在智能制造中的应用成为一种必然趋势,这对智能制造价值的挖掘以及变革起着重要的作用。

(1)大数据驱动实现大规模定制。运用工业大数据分析用户的行为与特征,了解不同用户群体的需求,进而指导智能工厂生产相应产品,满足用户的个性化需求。大数据在制造业大规模定制中的应用包括数据采集、数据管理、订单管理、智能化制造、定制平台等。当定制数据达到一定的数量级,通过数据挖掘以及数据分析,可以实现流行预测、精准匹配等应用。同时,大数据能够帮助制造业企业提升营销的针对性,降低物流和库存的成本,减小生产资源投入的风险。利用这些大数据进行分析,将带来仓储、配送、销售效率的大幅提升和成本的大幅下降,并将极大地减少库存,优化供应链。同时,利用销售数据、产品的传感器数据和供应商数据库的数据等大数据,制造业企业可以准确地预测全球不同市场区域的商品需求。

(2)大数据驱动实现智能调度和工艺优化。生产计划应考虑制造设施的生产能力以及资源和材料的可用性,大数据分析可以使生产计划和车间调度更加智能。通过大数据分析方法分析客户订单、制造资源状态、生产能力、供应链数据、销售数据和库存数据,基于收集到的数据,进行制造资源供需匹配和调度以快速定位可用资源。通过采用智能优化算法制定生产计划,以确定制造资源的最佳配置和任务的执行程序。此外,大数据分析还有助于评估和优化技术流程。通过分析各种类型的工艺数据,包括历史数据和特定工艺步骤固有的模式及关系数据,可以确定不同工艺参数之间的相关性以及这些参数对产量和质量的影响。根据这些参数调整工艺流程可以提高生产率和产品质量,并降低成本[48]。

(3)大数据驱动实现智能生产。利用布置在产品生产线以及工业设备上的传感器采集到的实时数据进行分析,对工业生产过程建立虚拟模型,模拟生产流程,发现生产过程中的缺陷与不足。并通过对工业大数据建立优化模型与预测模型,并且预测模型输出的预测数据也加入到优化模型中,得到比较完整的优化方案,利用优化方案对机器实行最优化的控制,形成完整的闭环系统,完成生产模式的升级,实现由批量化生产模式向定制化生产模式的转变[49]。

7.2.3　人工智能技术引领智能制造业的发展

以大数据和深度学习为代表的新一代人工智能将对制造业产生颠覆性影响。人工智能与制造业的深度融合,促进了智能制造概念走向落地,也证明了制造业是人工智能技术实现普及商用的重要场景。大力推动人工智能产业化,积极助力人工智能与制造业协同发展,将成为接下来各国争夺国际竞争话语权的布局焦点。工信部于 2017 年发布的《促进新一代人工智能产业发展三年行动计划(2018—2020 年)》指出:"以信息技术与制造技术深度融合为主线,以新一代人工智能技术的产业化和集成应用为重点,推进人工智能和制造业深度融合,加快制造强国和网络强国建设。"

人工智能技术在生产制造各环节的应用是新一代智能制造系统实现的基础。在需求分析环节,客户画像、舆情分析等人工智能技术的应用可以提升企业对生产个性化需求分析的准确性,从而提高企业的生存能力;在企业关键绩效指标分析方面,成品过程效率分析、物流能效分析、分销商行为分析、客户抱怨求解等人工智能技术的应用能够为企业隐性问题的挖掘提供依据;在企业运行优化方面,先进生产排程、生产线布置优化、工艺分析与优化、成品仓库优化等人工智能技术的应用能够为企业在生产、物流等环节的优化调整提供辅助决策;在产品生命周期控制方面,基于增强现实技术(AR)的人员培训、智能在线检测等人工智能技术的应用能够提升产品在设计、生产等环节的效率与质量[50]。

参考文献

[1] 中国汽车工程学会.汽车智能制造典型案例选编(2018)[M].北京:北京理工大学出版社,2018.

[2] 潘宇,何云峰,何志兵,等.双十字轴万向节转向传动系统的优化设计[J].机械传动,2015,39(1):83-86.

[3] XU J L,ZHU J W,WAN L. Effects of intermediate support stiffness on nonlinear dynamic response of transmission system[J]. Journal of Vibration and Control,2020,26:1-12.

[4] 孟凡生.一款大规格传动轴的设计[J].商用汽车,2014,22:57-60.

[5] 王望予.汽车设计[M].北京:机械工业出版社,2014.

[6] 刘惟信.汽车设计[M].北京:清华大学出版社,2001.

[7] 濮良贵,纪名刚.机械设计[M].北京:高等教育出版社,2006.

[8] 赵三星,肖涵,刘云涛.十字轴万向节动力分析和扭矩测试研究[J].冶金自动化,2009,33(Z1).

[9] LIU X G,WU Z Y,SHU W G,et al. Investigation of the effect of the angle between drive shafts on vibration responses of main reducer[C]. MATEC Web of Conferences,2018:1-6.

[10] 刘涛.汽车设计[M].北京:北京大学出版社,2008.

[11] 傅志方,华宏星.模态分析理论与应用[M].上海:上海交通大学出版社,2000.

[12] 徐劲力,罗文欣,饶东杰.基于 Workbench 对微车驱动桥桥壳的轻量化研究[J].图学学报,2015(1):128-132.

[13] 梁君,赵登峰.模态分析方法综述[J].现代制造工程,2006(8):139-141.

[14] 张先刚,朱平,韩旭.摩托车车架的动态特性分析及减振优化研究[J].中国机械工程,2005,16(12):1114-1117.

[15] 郝云堂,金烨.虚拟样机技术及其在 ADAMS 中的实践[J].机械设计与制造,2003(3):16-18.

[16] HONG Q Q,CHENG Y. Dynamic simulation of multistage gear train system in ADAMS[J]. Transaction of Beijing Institute of Technology,2003,23(6):690-693.

[17] 李军,邢俊文,覃文洁.ADAMS 实例教程[M].北京:北京理工大学出版社,2002.

[18] XU J L,YAN T,PENG B,et al. Effects of the transmission shaft on the main reducer vibration based on ADAMS and experimental demonstration[J]. Australian Journal of Mechanical Engineering,2017,15(1):2-10.

[19] 过学迅,邓亚东.汽车设计[M].北京:人民交通出版社,2005.

[20] XU J L,ZENG F C,SU X Y. Coupled Bending-Torsional Nonlinear Vibration and Bifurcation Characteristics of Spiral Bevel Gear System[J]. Shock and Vibration,2017:1-14.

[21] XU J L,WAN L,LUO W X. Influence of Bearing Stiffness on the Nonlinear Dynamics of a Shaft-Final Drive System[J]. Shock and Vibration,2016:1-14.

[22] 王三民,沈允文,董海军.含间隙和时变啮合刚度的弧齿锥齿轮传动系统非线性振动特性研究[J].2003,39(2):28-32.

[23] 李润方,王建军.齿轮系统动力学振动、冲击、噪声[M].北京:科学出版社,1997.

[24] 李为民.圆锥滚子轴承轴向定位预紧刚度计算[J].轴承,2004(5):1-3.

[25] XU J L,SU X Y,PENG B. Numerical Analysis and Demonstration:Transmission Shaft Influence on Meshing Vibration in Driving and Driven Gears[J]. Shock and Vibration,2015:1-10.

[26] 罗永革,方卓毅,李径定.汽车发动机扭振谐值的计算研究[J].汽车技术,1999,9:3-5.

[27] LIU X G,WU Z Y,LU J,et al. Investigation of the Effect of Rotation Speed on Vibration Responses of Transmission System[C]. MATEC Web of Conferences,2019:1-4.

[28] LIU X G,WU Z Y,LU J,et al. Investigation of the effect of rotation speed on the torsional vibration

of transmission system[J]. Journal of Advanced Mechanical Design, Systems, and Manufacturing, 2019,13(4): 1-12.

[29] 李宏庚,何森东,李洪亮. 微车 FR 型动力传动系扭振特性及其控制方法评述[J]. 大众科技, 2014(11): 106-110.

[30] XU J L,LU L,CAO X S,et al. Research on automobile coupled vibration between transmission shaft and drive axle gears[C]. Advanced Materials Research,2014: 76-81.

[31] 陆继翔,余隋怀,陆长德. 面向工业设计的智能设计体系[J]. 机械设计,2020,37(4): 140-144.

[32] 许秀斌. 智能概念设计综述[J]. 中国科技信息,2011(12): 94.

[33] 谭建荣,冯毅雄. 智能设计理论与方法[M]. 北京:清华大学出版社,2020.

[34] 李敏强,寇纪淞,林丹. 遗传算法的基本理论与应用[M]. 北京:科学出版社,2002.

[35] 郑树泉. 工业智能技术与应用[M]. 上海:上海科学技术出版社,2019.

[36] 王铁方. 计算机基因学基于家族基因的网格信任模型[M]. 北京:知识产权出版社,2016.

[37] DEB K,PRATAP A,AGARWAL S. A fast and elitist multiobjective genetic algorithm: NSGA-II [J]. IEEE Transactions on Evolutionary Computation,2002,6(2): 182-197.

[38] 工信部,财政部. 智能制造发展规划(2016—2020 年)[J]. 中国仪器仪表,2017(1): 32-38.

[39] KAGERMANN H,WAHLSTER W, HELBIG J. Securing the future of German manufacturing industry recommendations for implementing the strategic initiative INDUSTRIE4.0[R]. Germany: Federal Ministry of education and research, Final report of the Industrial 4.0 working group, April 2013.

[40] ERL T,PUTTINI R,MAHMOOD Z. Cloud Computing Concepts,Technology & Architecture[M]. Upper Saddle River: Prentice Hall,2013.

[41] 祝林. 智能制造的探索与实践[M]. 成都:西南交通大学出版社,2017: 308.

[42] LIU X G,SUN X Y,XU J L. A case study of intelligent manufacturing for key components of vehicles[C]. Journal of Physics: Conference Series,2021.

[43] 中国机械工程学会. 中国机械工程技术路线图[M]. 2 版. 北京:科学普及出版社,2016.

[44] 王安麟,姜涛,刘广军. 智能设计[M]. 北京:高等教育出版社,2008.

[45] CHEN J H,HU P C,ZHOU H C,et al. Toward intelligent machine tool[J]. Engineering,2019, 5(4): 679-690.

[46] 张桢莉,张曙. 工业 4.0 时代下的智能机床[J]. 现代制造工程,2017(11): 12.

[47] 邵泽明,关大力. 数控机床智能化技术[J]. 航空制造技术,2015,474(5): 46-49.

[48] TAO F,QI Q L,LIU A G,et al. Data-driven smart manufacturing[J]. Journal of Manufacturing Systems,2018,48(Part C): 157-169.

[49] 何文韬,邵诚. 工业大数据分析技术的发展及其面临的挑战[J]. 信息与控制,2018,47(4): 398-410.

[50] 李瑞琪,韦莎,程雨航,等. 人工智能技术在智能制造中的典型应用场景与标准体系研究[J]. 中国工程科学,2018,20(4): 112-117.